D1683884

KUNSTWERKSTATT PAPIER

SOPHIE DAWSON

Kunst Werkstatt
Papier

Schöne Papiere schöpfen und gestalten

CHRISTOPHORUS

Die Deutsche Bibliothek –
CIP-Einheitsaufnahme

Kunstwerkstatt Papier: schöne Papiere
schöpfen und gestalten/ Sophie Dawson.
Übers. aus dem Engl. von Maria Rosken. –
Freiburg im Breisgau: Christophorus-Verl., 1994
ISBN 3-419-55102-9

Titel der englischen Originalausgabe:
«The Art and Craft of Papermaking»
©1993 by Quarto Publishing plc,
6 Blundell Street, London N7 9BH
© 1994 der deutschsprachigen Ausgabe by
Christophorus-Verlag GmbH
Freiburg im Breisgau

Alle Rechte vorbehalten –
Printed in Hong Kong

Jede gewerbliche Nutzung der Arbeiten
und Entwürfe ist nur mit Genehmigung der
Urheberin und der Verlage gestattet. Bei
Anwendung im Unterricht und in Kursen ist
auf dieses Buch hinzuweisen.

Fotografien: Jon Wyand, Paul Forrester
Satz: Carsten Vogt, DTP Service und Gestaltung
Umschlaggestaltung: Graphic Design
Hannes Osterrieder, Umkirch

Wir danken Dr. Peter Tschudin und Markus
Müller von der Basler Papiermühle für die
freundliche Unterstützung und fachliche
Beratung bei der Bearbeitung der deutschen
Ausgabe.

Inhalt

1

6 EINFÜHRUNG

2

16 PAPIER SCHÖPFEN

18 Papierschöpfen: Ost und West

20 Form und Deckel

23 Fasermaterialien

25 Aufbereiten der Fasern

30 Stampfen und Zubereiten des Faserbreis

36 Schöpfbütten

38 Blattbildung und Gautschen

44 Pressen und Legen

48 Trocknen des Papiers

51 Leimen und Ausrüsten

3 54 PAPIER GESTALTEN
56 Zusammengautschen
59 Einschließen
62 Blüten und Blätter
65 Schmuckpapiere
69 Neue Papierformen
72 Prägen
74 Collage und Mischtechniken
78 Vorläufer des Papiers
82 Wasserzeichen: verborgene Bilder
85 Faserbreibilder
88 Faserbrei sprühen
91 Arbeiten mit Vakuum
95 Galerie

4 98 PAPIERSKULPTUREN
100 Papier gießen
110 Galerie

5 112 ANWENDUNGSBEREICHE
114 Papier und Buch
122 Papier und Textilien
126 Papier und Licht
129 Papier und Natur
134 Papier und Druck
137 Galerie

140 Glossar
142 Register
144 Dank
144 Nützliche Adressen

HINWEIS

Eine Anmerkung zu Färbemitteln, Farbpigmenten und anderen Zusätzen: Viele chemische Mittel sind hochgiftig und können gesundheitliche Schäden verursachen. Daher sind Vorsichtsmaßnahmen im Umgang mit chemischen Substanzen dringend anzuraten. Gute Belüftung und die Benutzung einer Schutzmaske empfehlen sich bei Farbpigmenten in Pulverform; beim Anrühren von Lösungen sollten außerdem Schutzbrille und Gummihandschuhe getragen werden. Die Verwendung einer Hautschutzcreme ist ebenfalls ratsam.

KAPITEL

1

Einführung

*Julia Manheim:
Guardian Angel.
Titelseiten von
«The Guardian»;
Zeitung und Draht
(rechts).*

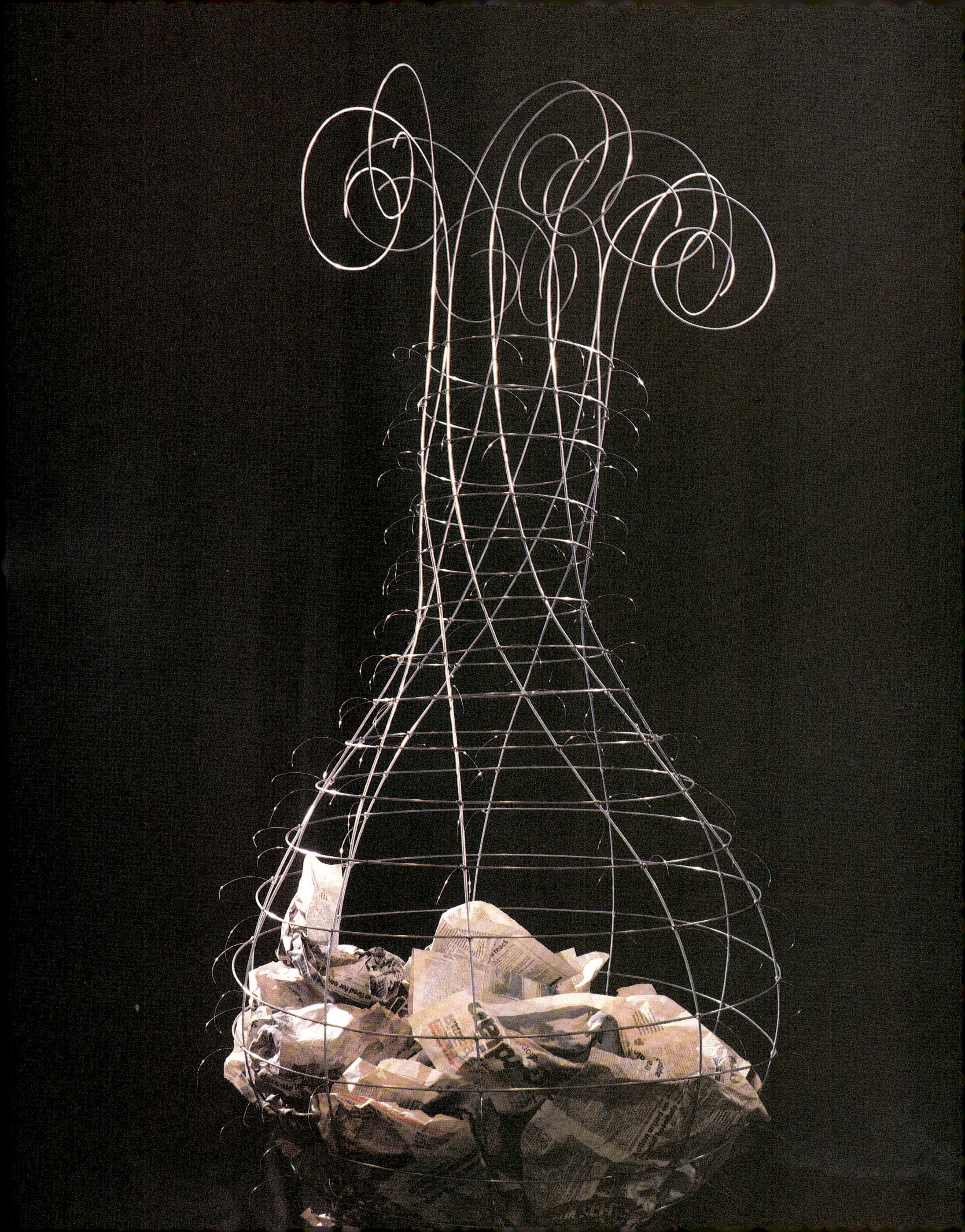

Papier ist ein äußerst vielseitiger Werkstoff. So unterschiedlich wie seine Formen waren auch die Methoden der Herstellung und die historischen Verwendungszwecke von Papier in einzelnen Kulturen. Im Osten galt es als heiliges Material, diente zugleich aber auch praktischen Zwecken – von der Herstellung von Knallkörpern bis hin zu Bodenbelägen. Im Westen betrachtete man Papier eher unter dem Gebrauchsaspekt. Das lag vor allem daran, daß es in Europa ein Jahrtausend später als in China eingeführt wurde. Es diente vorwiegend zum Beschriften, Bedrucken und Verpacken. Papier gab es in Form von Zeitungen, Büchern, Zeichenpapier, Geldscheinen und Tapeten.

Mit Beginn der Industrialisierung verlor Papier die charakteristischen Merkmale eines in sorgfältiger handwerklicher Arbeit hergestellten Materials. Paradoxerweise brachte die Technik, die seine Massenproduktion ermöglichte – die Einführung chemischer Bleichmittel, der sauren Harzleimung und des Holzschliffs –, den Fortbestand von Papier ernsthaft in Gefahr. Darüber hinaus wurde seine Rolle als einzigartiger Werkstoff zum Beschreiben, Zeichnen, Bemalen und Bedrucken durch die Entwicklung elektronischer Kommunikationsmittel untergraben: Papier ist zu einem Wegwerfprodukt unserer Gesellschaft geworden.

Umgekehrt haben die Gegenreaktion auf die Massenproduktion und das zunehmende ökologische Bewußtsein das Interesse an den asiatischen und den westlichen Verfahren der Papierherstellung neu geweckt. So kam es zu einer allmählichen Wiederbelebung des Papierhandwerks und der traditionellen Methoden des Papierschöpfens. Andererseits experimentierten Künstler wie nie zuvor mit dem Medium Papier und schufen dabei neue Möglichkeiten, die weit über die althergebrachte Verwendung hinausgehen.

Vorläufer des Papiers

Die Suche nach einem Material, auf dem sich geschriebene Information übermitteln und erhalten ließ, hat zu vielen unterschiedlichen Lösungen geführt: Einige waren vergänglich, andere dauerhaft. So dienten in vielen alten Kulturen Stein, Metall, Holz, Wachs- und Tontafeln zum Beschreiben. Nach

Sarkophag des ägyptischen Königs Ramses III. (unten rechts). In China wird bei Begräbnissen «Geistergeld» verbrannt, um die Geister der Ahnen günstig zu stimmen (rechts). Josephine Tabbert: Lager aus archäologischer Zone (Ausschnitt); handgeschöpftes Papier (links).

und nach wurden sie durch flexibleres Material ersetzt, das sich billiger herstellen ließ und einfacher zu transportieren war.

Der aus der gleichnamigen Pflanze hergestellte Papyrus war fast 4000 Jahre lang in Ägypten und der griechisch-römischen Welt der wichtigste Schriftträger. Er wurde für literarische Werke, Verwaltungsdokumente, Erlasse, Gesuche und private und offizielle Briefe verwendet. Das Wort «Papier» leitet sich vom griechischen «papyros» ab, das wiederum wahrscheinlich dem Ägyptischen entlehnt ist.

Die Perser entwickelten als Alternative zum Papyrus Pergament, das sie aus präparierten Ziegen- und Schafhäuten herstellten. Es war haltbarer und biegsamer als Papyrus und wurde für literarische und religiöse Schriften verwendet.

In Indien und Südostasien lieferten Palmblätter und Birkenrinde sowie Bambus und Holz Material zum Beschreiben. Palmblätter waren am einfachsten zu verarbeiten: Sie wurden mit einer Kordel, die durch die einzelnen Blätter geführt wurde, zu Büchern gebunden.

Die Erfindung des Papiers

Papier wurde von den Chinesen in der Han-Dynastie (202 v. Chr. – 220 n. Chr.) erfunden. Seine «Entdeckung» im Jahre 105 n. Chr. geht auf den Hofbeamten T'sai Lun zurück. Davor hatte man gewöhnlich auf Bambusstreifen oder Seide geschrieben. Bambus wog viel und war schwer zu transportieren, Seide war teuer; also bot das leichtere und günstiger herzustellende Papier einen willkommenen Ersatz. Anfangs hatte das aus Baumrinde, Hanfresten, Lumpen und Fischnetzen hergestellte Papier eine schlechte Qualität. Aber mit der Verfeinerung der Papierschöpfmethoden wurde es zum bevorzugten Schriftträger.

Das hohe Ansehen, das Bildung und Literatur in der chinesischen Kultur genossen, sorgte für eine enorme Nachfrage nach Schreibmaterial. Papier leistete den wachsenden Erfordernissen der chinesischen Verwaltung Genüge. Später wurde es auch in Form von Papiergeld im Geldverkehr eingesetzt.

Papier spielte in China auch bei religiösen Riten eine wichtige Rolle. Bei Begräbnissen wurden aus Papier

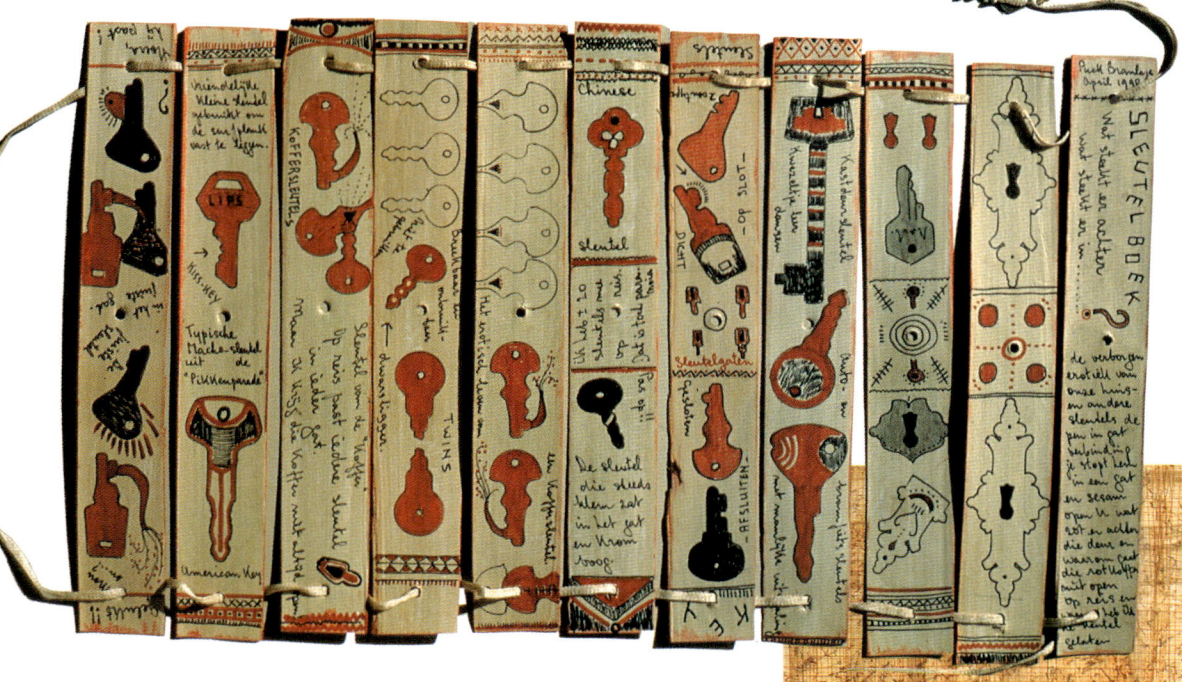

Zu den alten Schreibmaterialien gehören Papyrus (unten) und Palmblätter, die in Mittel- und Südostasien für Bücher verwendet wurden. Eine moderne Variante aus Palmblättern – Puck Bramlage: Schlüssel-Buch (links).

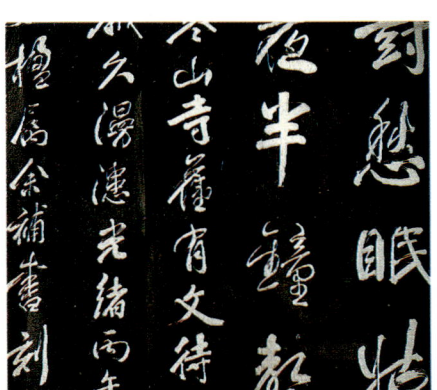

Tusche-Reiberdrucke von Steininschriften wurden durch die Erfindung des Papiers in der Han-Dynastie möglich (links).

Drachenpapier besitzt eine bemerkenswerte Festigkeit und Flexibilität; das zeigen bereits die ersten zu kriegerischen Zwecken verwendeten Drachen in China und Korea. Auch heute erfreuen sich Drachen mit unterschiedlichster Bemalung großer Beliebtheit.

gefertigte, symbolische Objekte verbrannt. Um Unheil abzuwenden, versah man die Häuser außen mit buddhistischen und taoistischen Götterbildern.

Die doppelte Rolle des Papiers

Die Papiermacherkunst blieb fast 500 Jahre lang ein streng gehütetes Geheimnis. Schließlich gelangte sie etwa gleichzeitig mit dem Buddhismus im frühen 7. Jahrhundert über Korea nach Japan. Wie in China diente Papier dem Kopieren des Sutra, der heiligen Schriften Buddhas. 770 n. Chr. gab Kaiserin Shotoku den Auftrag für eine Million auf Papier geschriebener Gebete *(dharaní)*, die jeweils in einer Miniaturpagode aus Holz aufbewahrt und an buddhistische Tempel verteilt wurden.

Die Verwendung von Papier als heiligem Material fand rasch Eingang in viele japanische Shinto-Zeremonien. Papier war ein Symbol der Reinheit; es hatte eine untrennbar mit dem Alltagsleben verbundene spirituelle Bedeutung. Papierornamente und kleine Papierstreifen gelten noch heute als Glücksbringer und werden an heiligen Stätten aufgehängt.

Papier diente außerdem ästhetischen und funktionalen Zwecken. Man begann es zu verzieren, zu färben, mit Mustern zu versehen; mit zunehmender Vielfalt wurden immer mehr Gebrauchsgegenstände daraus hergestellt. So verwendete man in Korea geöltes Papier für Bodenbeläge, lackiertes Papier für Truhen und stellte Schiffssegel aus Papier her.

Aus dem festen, durchscheinenden und flexiblen *washi* (handgeschöpftes Japanpapier) ließen sich viele praktische Gegenstände anfertigen. Es diente nicht nur zum Beschreiben, für Kalligraphie, Bücher und für farbige Holzschnitte, sondern auch für Fächer, Schirme, Taschen, Fahnen, Masken, Drachen, Laternen, Segel, Kleidung, Trennwände *(fusama)* und Jalousien *(shoji)*.

Die Verbreitung des Papiers

Beim Angriff auf die Stadt Samarkand in Mittelasien 751 n. Chr. sollen die Araber auch einige chinesische Papiermacher gefangengenommen haben. Von Samarkand aus verbreitete sich die Kunst des Papiermachens in der islamischen Welt. In Bagdad, Damaskus und Kairo wurden große Papiermanufakturen eingerichtet; im 9. Jahrhundert

Die Titelblätter chinesischer buddhistischer Schriften zeigen oft Holzschnitte mit Darstellungen aus dem Leben Buddhas; ihr indischer Ursprung ist unübersehbar.

Tabaksbeutel (rechts) aus dickem Ölpapier haben ein lederähnliches Aussehen. Das Streifenmuster auf dem linken Beutel erhielt man vermutlich, indem man das angefeuchtete Papier mit geschnitzten Holzbrettern preßte.

Aus präparierten Tierhäuten gefertigtes Leder und hochwertiges Pergament lieferten gutes, glattes Schreibmaterial und verdrängten Papyrus und Wachstafeln (rechts).

hatte Papier als Schreibmaterial Papyrus und Pergament den Rang abgelaufen.

Einige Jahrhunderte vor seiner Herstellung in Papiermühlen vor Ort war Papier in Europa als teure arabische Importware erhältlich.

Damals verwendeten die Europäer Häute und das feinere Pergament (aus Kalbs-, Lamm- oder Ziegenhaut); aber sobald Papier zu einem heimischen Erzeugnis geworden war, ersetzte es auch hier schnell die teureren Materialien.

Die europäische Papierindustrie nahm ihren Ausgang in Spanien; jüngste Forschungen weisen bedeutende Manufakturen in Córdoba, Sevilla und Xativa nach. 1276 gelangte die Papiermacherkunst nach Fabriano in Italien. Sie breitete sich im 14. und 15. Jahrhundert langsam weiter in Europa aus. 1690 wurde die erste Papiermühle in den nordamerikanischen Kolonien errichtet.

Das veränderte Aussehen von Papier

Papier diente im Westen zunächst in erster Linie sakralen Zwecken (christliche Schriften, Votivbilder vom Leben Jesu Christi, Ablaßgebete für Wallfahrer), doch mit der wachsenden Zahl von Lese- und Schreibkundigen in der Renaissance und dem damit einhergehenden Machtverfall der Kirche wandelte sich seine Rolle.

Im Zuge der Entwicklung neuer Druckverfahren, insbesondere der Erfindung des Drucks mit beweglichen Lettern 1446 durch Johannes Gutenberg, gewann Papier an Bedeutung bei der Veröffentlichung von Büchern und Zeitschriften. Neue Methoden der bildlichen Darstellung wie Holzschnitt, Radierung und Kupferstich ermöglichten den Gebrauch von Papier für gedruckte Bilder.

Mit der Ausweitung des Handels stieg die Nachfrage nach hochwertigem Papier enorm; man benötigte es für Urkunden, Zeugnisse, Verträge, Geldscheine, Erlasse und für Bücher, während billigere Sorten als Verpackung gebraucht wurden.

Die Vielfalt von Papier zeigte sich im 17. und 18. Jahrhundert in England, als immer mehr Mühlen die unterschiedlichsten Papier- und Kartonarten, lackierte Erzeugnisse und zum Beispiel auch Spielkarten aus zusammengeleimten Bogen herzustellen begannen. Die steigende Nachfrage, die Entwicklung

Eine gerippte Form mit Deckel aus der ältesten noch existierenden Papiermühle (13. Jahrhundert) in Amalfi, Italien (unten).

Gefaltete Papierfächer (oben) wurden in Japan vermutlich erstmals im 12. Jahrhundert hergestellt. Der flache «Uchiwa-Fächer» wurde ebenfalls ein beliebtes Accessoire; beide Formen sind auch 800 Jahre später noch allgemein in Gebrauch.

Der Kupferstich (1700) zeigt eine Papiermühle mit wassergetriebenem Stampfwerk aus Holz zum Zerfasern der Lumpen, die Schöpfbütte sowie den Gautschvorgang und das Pressen.

neuer Papiersorten und die Erkenntnis, daß das Papiermachen ein einträgliches Geschäft war, führten zur Entstehung einer bedeutenden Industrie.

Veränderungen in der Herstellung

Mit der Verbreitung von Papier nach Europa wurden andere Materialien verwendet, und die Herstellungsverfahren änderten sich. Dadurch hielt man mit der Nachfrage und den Ansprüchen des Endverbrauchers Schritt.

Ursprünglich wurde Papier hergestellt, indem man den Faserbrei auf ein Tuchgewebe gab, das auf einen Holzrahmen gespannt war. Der Bogen wurde erst nach dem Trocknen vom Tuch genommen; also benötigte man viele Formen, um eine größere Menge Papier zu erhalten.

Mit der Entwicklung einer Form mit abnehmbarem Bambus- oder Schilfgeflecht wurde die Produktionsmenge erhöht; das Papier konnte abgenommen werden und außerhalb der Form trocknen. Diese Vorgehensweise entwickelten erstmals die Japaner für die Papierherstellung nach dem sogenannten *Nagashi-zuki-Verfahren* (s. S. 18).

Japanpapier aus Kozo- und Gampibastfasern eignete sich besser zum Beschreiben mit weichem Pinsel als das Papier auf Hanfbasis aus China und Korea.

Im Westen lieferten alte Baumwoll- und Leinenlumpen sowie Hanffasern von Seilen und Segeltuch die Rohmaterialien für die Papierherstellung. Indem man sich an den verbesserten mittelöstlichen Methoden der Zerkleinerung von Fasermaterial orientierte, wurde eine wasserbetriebene Stampfmühle zum Auffasern des Tuchs entwickelt. Das Schreiben mit einem europäischen Federkiel und Ochsengalle erforderte eine andere Oberfläche, als man sie im Osten benötigte. Um ein glatteres, festeres und weniger durchscheinendes Papier zu erhalten, wurden daher neue Methoden des Leimens und des Ausrüstens entwickelt.

Weitere Veränderungen betrafen die Formen. Frühe spanische und italienische Papiere wurden vermutlich mit Formen geschöpft, die den östlichen sehr ähnlich waren. In Europa jedoch gab es keinen natürlichen Ersatz für die im Osten verwendeten Materialien, wie etwa Bambus oder dünne getrocknete Streifen von Gräsern.

Anfang des 12. Jahrhunderts soll man in Italien erstmals dazu übergegangen sein, Metall von Hand zu dünnen Drähten oder Stäben zu ziehen; bald ersetzten Drahtgeflechte, wahrscheinlich aus Kupfer, frühere Materialien. Die dicht nebeneinander angeordneten parallelen Drähte wurden von vertikalen «Kettfäden» zusammengehalten; bis zur Einführung «gewebter» Formen im 18. Jahrhundert blieb diese europäische Version weitgehend unverändert. Im Unterschied zur östlichen Variante waren die europäischen Geflechte fest am Rahmen der Form angebracht.

Im 17. Jahrhundert wurde Holland führend in der Papierherstellung; die Qualität des holländischen Papiers war hoch geschätzt. Der Holländer, eine Mahlmaschine, die gegen Ende des Jahrhunderts entworfen wurde und nach ihrem Ursprungsland benannt ist, stellte einen bedeutenden Fortschritt in der mechanischen Methode der Aufbereitung von Lumpen zur Papierherstellung dar.

Während diese Erfindungen die Papierherstellung wirtschaftlicher machten und für die Steigerung der Produktion sorgten, fehlte es an Lumpen. Der Mangel an Rohmaterialien löste eine intensive Suche nach alternativen Fasern aus und führte in der westlichen Papiermacherei im 19. Jahrhundert zur Umstellung auf Holzschliff als Ausgangsstoff.

Im 17. Jahrhundert wurde in Holland eine Maschine zum Mahlen des Faserbreis entwickelt; sie wird als «Holländer» bezeichnet.

Mechanisierung

Bis Ende des 18. Jahrhunderts wurde das gesamte Papier von Hand hergestellt. Aber mit der Erfindung einer Papiermaschine, die im Prinzip endlose Papierbahnen erzeugen konnte, durch Nicolas-Louis Robert im Jahre 1798 und der Entwicklung der größeren und leistungsfähigeren Fourdrinier-Maschine in England einige Jahre später verwandelte sich die einstige handwerkliche Tradition in eine moderne Industrie.

Mit der Fourdrinier-Maschine wird Papier erzeugt, indem Faserbrei auf ein endloses, sich ständig bewegendes Drahtsieb gegeben wird. Der größte Teil des Wassers läuft sofort ab. Das gebildete Faservlies wird auf ein Filztuch übertragen und unter mehreren Walzen hindurchgeführt, die weiteres Wasser herauspressen. Dann passiert das Papier erhitzte Trockenzylinder. Kalanderwalzen glätten das Papier, bevor es schließlich zu Rollen aufgewickelt wird.

Mit der Einrichtung der ersten Fabrik für maschinell gefertigtes Papier 1892

Eine Papiermaschine des 19. Jahrhunderts mit drei Trockenzylindern, mit der sich endlose Papierbahnen herstellen ließen und die alle Vorgänge der Handpapiermacherei mechanisch ausführte.

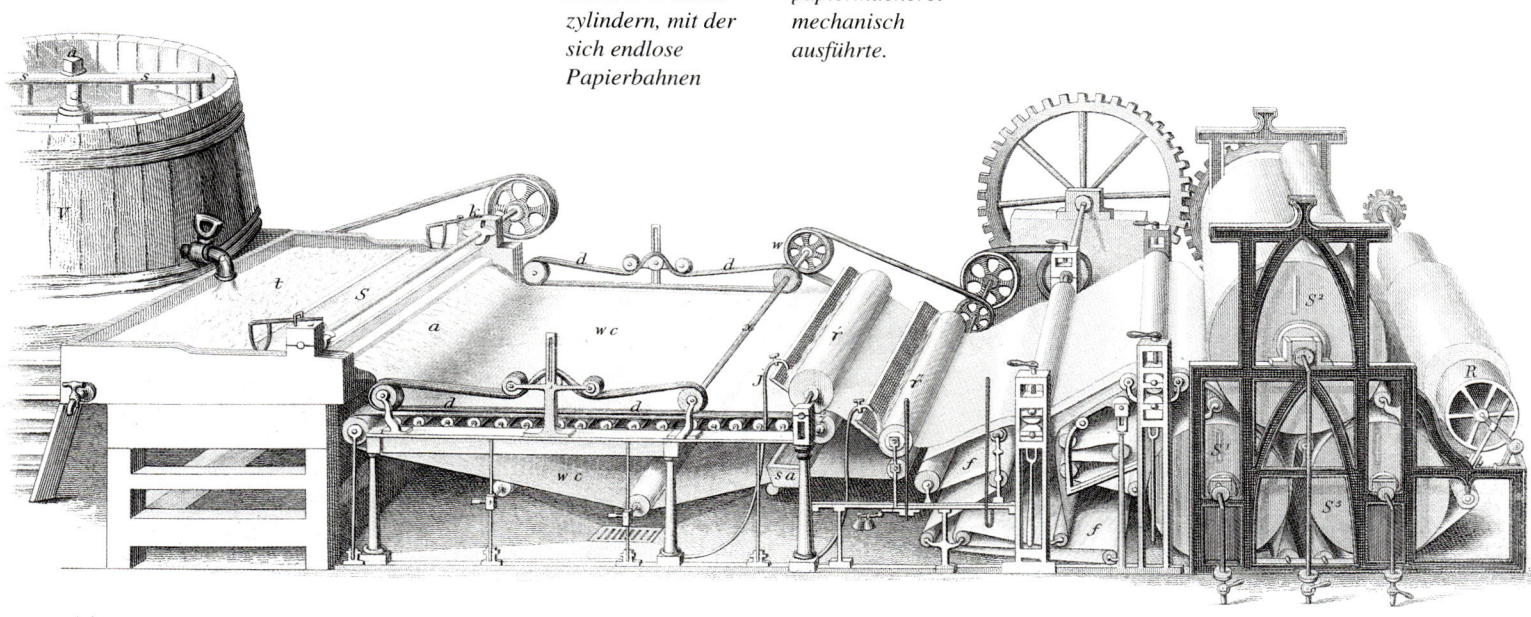

im chinesischen Shanghai wurde die Geschichte des Papiers an dem Ort wieder aufgenommen, wo sie fast 2000 Jahre zuvor ihren Ausgang genommen hatte.

Zeitgenössische Papierkunst

Künstler haben sich von jeher mit den Merkmalen, die Papier auszeichnen – Gewicht, Textur und Farbe –, als integralem Bestandteil ihrer Arbeit beschäftigt. Heutzutage befassen sie sich zunehmend mit den Möglichkeiten des Materials an sich. Die ungeheure Vielseitigkeit von Papier erklärt seine Beliebtheit. Es läßt sich zu Skulpturen gießen; man kann es von Hand wie Ton formen; man kann es wie Metall bräunen oder mit Blattgold oder -silber verzieren; es läßt sich im Vakuum formen; man kann es wie Farbe sprühen, gießen, streichen oder spritzen; es läßt sich zu Fäden spinnen und wie Tuch weben; man kann es wie Holz sägen oder wie Stein meißeln.

Andere interessieren sich aus entgegengesetzten Gründen für Papier als künstlerischen Werkstoff: Papier und die zu seiner Herstellung nötigen Arbeitsschritte selbst bilden den schöpferischen Reiz. Die natürlich strukturierte Vorgehensweise bei der Handpapiermacherei beschäftigt und inspiriert Künstler unterschiedlicher Richtungen: das Sammeln der Rohmaterialien, das Aufbereiten und Stampfen der Fasern, die Entscheidung, wie das fertige Papier aussehen soll – seine Farbe, Oberflächenstruktur, Dicke, Weichheit oder Festigkeit; der Moment, wenn der Faserbrei sich auf der Form setzt; selbst das Trocknen bietet Möglichkeiten, dem Papier ein eigenes, unverwechselbares Aussehen zu verleihen.

Alan Shields: Regentanz-Weg. Relief-Siebdruck, Holzschnitt (links). Als innovativer Druckkünstler betrachtete Shields Papier sowohl als Medium als auch als Trägerstoff. Seine Drucke zeigen leuchtendbunte Gitterstrukturen.

David Hockney: Paper Pool (Nr. 31) (rechts). David Hockney stellte 1978 zusammen mit Ken Tyler bei Tyler Graphics, New York, eine Gruppe Papier-Swimmingpools aus.

Julia Manheim: Gestürztes Idol (links). Für diese Skulptur verwendete die Künstlerin Zeitungen aus der krisengeschüttelten Sowjetunion und Stahldraht.

KAPITEL

2

Papier schöpfen

Japanisches «Rakusui-Papier» mit eingeschlossenen Blättern (rechts).

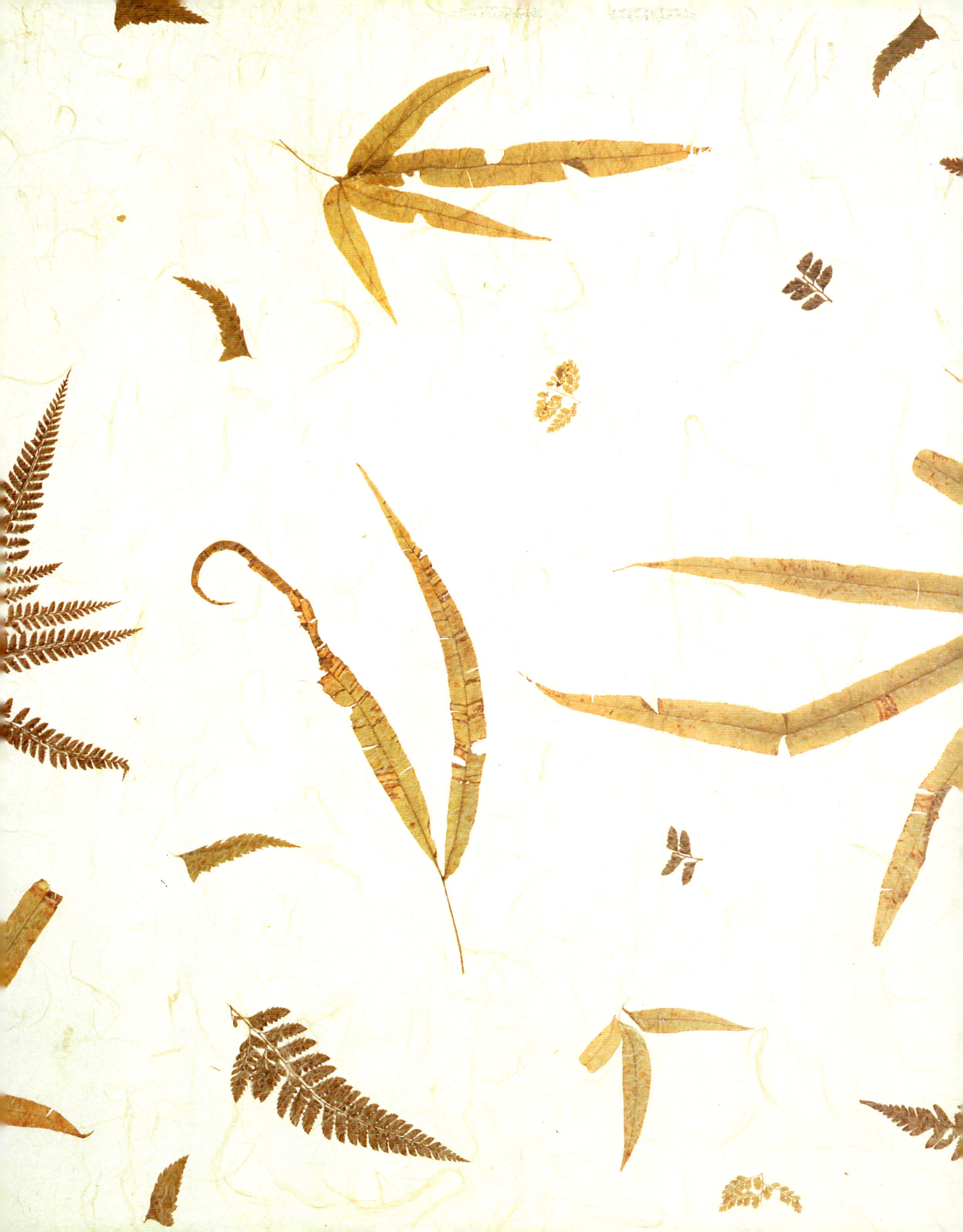

Bei der «Nagashi-zuki-Methode» (rechts) formt der Papiermacher einen dünnen Bogen Papier, indem er mehrfach Faserbrei in die Form schwappen läßt.

Europa: Der Schöpfgeselle (oben) taucht die Form einmal in die Bütte und hebt sie mit Faserbrei gefüllt wieder heraus; dann schüttelt er die Form zum Ausgleich der Schicht schnell nach beiden Seiten und vor und zurück.

Papierschöpfen: Ost und West

Papier wird aus Zellulose hergestellt, die in Pflanzenfasern enthalten ist; diese werden zu einem Faserbrei gestampft und mit Wasser verdünnt. Der Faserbrei wird in einer «Form» mit «Deckel» zu einem Papierbogen geformt. Die Form besteht aus einem rechteckigen Holzrahmen, der mit einem Sieb aus durchlässigem Metallgeflecht oder Tuch, dem Schöpfsieb, bespannt wird. Der Deckel ist ein offener Rahmen, der auf die Form paßt. Er verhindert, daß beim Schöpfen des Bogens Faserbrei aus der Form rinnt. Man erhält einen Bogen Papier, indem man Form und Deckel in eine mit Faserbrei gefüllte Schöpfbütte taucht und ein wenig von der Suspension aufnimmt. Wenn man Form und Deckel aus der Bütte hebt, tropft Wasser durch das Sieb ab; auf der Form bildet sich ein Faservlies – ein nasser Bogen Papier.

Es gibt zwei unterschiedliche Methoden, Papier von Hand zu schöpfen: die östliche und die westliche. Beide Verfahren sind Jahrhunderte alt, und beide sind im wesentlichen unverändert geblieben. Die Japaner kennzeichneten den Unterschied, indem sie der westlichen Methode den Namen *tame-zuki* gaben, was in etwa bedeutet «Papierschöpfen durch einmaliges Eintauchen». Die traditionelle japanische Methode, die dem östlichen Verfahren des Papiermachens entspricht, heißt *nagashi-zuki;* dies bedeutet etwa «Papierschöpfen durch mehrfaches Aufnehmen von Faserbrei». Die Begriffe beschreiben die Vorgehensweise bei der Papierherstellung. Eine dritte traditionelle Methode, die auf einem alten chinesischen Verfahren beruht, ist das «Gießen auf die schwimmende Form». Diese Technik wird noch heute von Papiermachern in Nepal, Bhutan und anderen Himalayaländern angewandt.

Die östliche wie auch die westliche Methode mögen kompliziert erscheinen, aber die grundlegenden Arbeitsschritte sind einfach. Die Verfahren wurden im Laufe der Geschichte den jeweiligen örtlichen Herstellungsbedingungen angepaßt.

Doch erkunden Sie selbst das große Spektrum der sichtbaren und fühlbaren Eigenschaften handgemachten Papiers.

Grundausstattung

Auch wenn Sie keine Ausrüstung zum Papierschöpfen besitzen, sollte Sie das nicht abhalten, den Anfang zu wagen. Sie brauchen nur ein wenig zu improvisieren, Werkzeuge und Materialien sind leicht zu beschaffen.

Einige der alten Verfahren, die im Vergleich zu modernen Methoden primitiv erscheinen mögen, hatten außerordentlich schöne, bis heute überdauernde Beispiele handgeschöpften Papiers zum Ergebnis. Wenn Sie die Grundtechniken einmal beherrschen und anspruchsvollere Werke in Angriff nehmen, können Sie selbst entscheiden, worauf Sie in Zukunft Ihr Augenmerk richten wollen, und sich das entsprechende Werkzeug besorgen.

Um eigenes Papier herzustellen, benötigen Sie folgendes:
- Form und Deckel
- Fasermaterial
- Gerät zum Zerkleinern der Fasern zu Faserbrei
- Ausreichend sauberes Wasser
- Schöpfbütte oder Kunststoffwanne für den verdünnten Faserbrei

Wenn Sie einen Mixer und eine große Kunststoffwanne haben, benötigen Sie nur noch einen einfachen rechteckigen Holzrahmen, an dem Sie ein Drahtsieb befestigen; dann können Sie die Arbeit in Angriff nehmen.

Wasserversorgung

Die Versorgung mit ausreichend frischem Wasser ist für das Papiermachen unerläßlich. Für jeden Arbeitsschritt – Einweichen, Spülen, Kochen und Stampfen der Fasern bis hin zum Schöpfen des Papierbogens – ist Wasser erforderlich. Die Arbeitsfläche sollte daher so beschaffen sein, daß es nichts ausmacht, wenn Sie einmal Wasser verschütten. Das Wasser sollte sauber und nach Möglichkeit frei von Schadstoffen sein. Wollen Sie dauerhaftes Papier erhalten, sollten Sie sich über die Zusammensetzung des Wassers informieren (beim örtlichen Wasseramt zu erfragen) und es nötigenfalls aufbereiten. Im Handel erhalten Sie billig Teststreifen, wie sie zum Beispiel für Aquarien verwendet werden. Damit können Sie feststellen, wie sauer oder alkalisch das Wasser ist. Mineralstoffe und organische Rückstände wandern beim Trocknen an die Oberfläche des Papiers und hinterlassen deutlich sichtbare Flecken. Für weniger dauerhaftes Papier können Sie auf das Reinigen des Wassers verzichten.

Die Schöpfbütte

Der Behälter für den zubereiteten Faserbrei wird als Schöpfbütte bezeichnet. Dazu eignet sich nahezu jeder Behälter – zum Beispiel eine Spülschüssel oder auch die Küchenspüle. Man kann zu diesem Zweck auch einen Behälter mit Kunststoffolie auskleiden. Die Schöpfbütte sollte einige Zentimeter tiefer sein als die Schmalseite von Form und Deckel. Sie muß groß genug sein und an den Seiten ausreichend Platz lassen, um die Form darin handhaben zu können.

Zur Grundausrüstung, um eigenes Papier herzustellen, gehören Form und Deckel, Schöpfbütte, Mixgerät, Sieb, Filze zum Abgautschen und Bretter zum Pressen.

Bei der «Nagashi-zuki-Methode» wird die «gerippte» Form mit einem abnehmbaren Schöpfsieb oder «su» und einem mit Scharnieren an der Form befestigten Deckel verwendet.

Form und Deckel

Am einfachsten stellt man eine Form aus fertig zugeschnittenen Bilderleisten her. Siebe gibt es aus verschiedenen Materialien im Fachhandel zu kaufen.

Form und Deckel sind die wichtigsten Werkzeuge des Papiermachers. Obwohl sich die Bauart je nach Papierschöpfmethode unterscheidet, bleibt das Prinzip dasselbe: Das Wasser kann von der dünnen Schicht Faserbrei abtropfen, die später den Papierbogen ergibt.

Japanische Papiermacher-Formen werden *sugeta* genannt. *Su* bezeichnet das abnehmbare, flexible Schöpfsieb, das meist aus dicht nebeneinander angeordneten, parallelen dünnen Bambusstreifen besteht und mit feinen Seidenfäden zusammengehalten wird. *Keta* ist der leichte, mit einem Scharnier befestigte Holzrahmen, der das «su» an seinem Platz hält. Stege auf dem unteren Rahmen stützen das Schöpfsieb, und größere «keta» haben am oberen Rahmen Griffe.

Die traditionelle westliche Form ist insgesamt stabiler und hält einer größeren Menge Faserbrei und Wasser stand als die orientalische Version. Es gibt zwei westliche Formen-Typen: die «gerippte» und die «gewebte» Form. Die «gerippte» Form ähnelt der japanischen «sugeta», nur daß das Schöpfsieb fest an der Form angebracht ist und aus dünnen Drähten besteht. Die eng nebeneinanderliegenden waagrechten Drähte werden mit weiter gespannten senkrechten Kettdrähten zusammengehalten. Holzstege geben auch hier dem Sieb Halt, nur ist der Deckel nicht mit einem Scharnier an der Form befestigt. Auf der «gerippten» Form hergestelltes Papier kann man an den vertikalen und horizontalen Rippen erkennen, die durch die gerippte Oberfläche des Schöpfsiebs entstehen.

Zur «gewebten» Form gehören alle Typen mit einem engmaschigen Drahtgeflecht als Schöpfsieb. Die früheste Form bestand vermutlich aus einem einfachen Rahmen, der mit grob gewebtem Tuch bespannt war. Die heutige «gewebte» westliche Form hat ein Sieb aus feinmaschigem Messingdraht. Papier aus der «gewebten» Form hat gewöhnlich eine glattere Oberfläche als Papier aus der «gerippten» Form.

Anfertigen von Form und Deckel

Wenn Sie ein wenig handwerkliches Geschick haben, gehen Sie bei der Anfertigung von Form und Deckel nach den Anleitungen auf Seite 22 vor. Sie können aber auch Bilderleisten verwenden, die es im Fachhandel fertig zu kaufen gibt; für eine komplette Form mit Deckel benötigen Sie zwei identische Ausführungen. Legen Sie die Teile für die Form aneinander; achten Sie darauf, daß die Ecken rechte Winkel bilden. Befestigen Sie die Leisten an den Ecken mit Messingnägeln oder kleinen Schrauben. Schmirgeln Sie rauhe oder unebene Stellen mit feinem Schmirgelpapier glatt. Verfahren Sie genauso beim Zusammensetzen des Deckels. Damit Form und Deckel wasserfest sind, werden sie lackiert.

Der Deckel bestimmt Form und Dicke des Papiers und wird in der gewünschten Größe angefertigt. Man kann auf den Deckel verzichten, aber dann läuft der Faserbrei an den Rändern der Form herunter, und man erhält weniger ebenmäßig geformte Blätter. Läuft beim Schöpfen des Bogens Faserbrei unter den Deckel, ergibt sich der für selbstgemachtes Papier typische «Deckelrand». Man kann die Ränder der Deckelunterseite versiegeln oder mit Dichtungsstreifen abdichten, so daß der Deckel gut abschließt.

Die Form wird mit einem Siebgeflecht versehen. Geeignete Materialien sind Gardinenstoff, Seide oder Nylongeflecht. Um feineren Geflechten wie Nylon, die leicht nach unten durchhängen, Halt zu geben, kann man sie mit festerem Gewebe unterlegen. Kunststoff- und Messingdrahtgeflecht erhalten Sie im Handel. Das Siebgeflecht sollte so fein beschaffen sein, daß die Fasern auf der Oberfläche haften bleiben und das Wasser gut abtropfen kann. Ein Nylongeflecht, zum Beispiel Vorhangstoff, dehnt sich aus, sobald es feucht wird; also müssen Sie es vor dem Bespannen naß machen und aufgespannt trocknen lassen.

Eine europäische Velin-Form aus Mahagoni mit einem feinen, aber stabilen Schöpfsieb aus Messing. Mit Hilfe des Trennstabs lassen sich zwei Blätter gleichzeitig herstellen.

PROJEKT

Form und Deckel anfertigen

1 Legen Sie die Leisten für die Form wie gezeigt aneinander, und schrauben Sie sie mit einfachen Schrauben fest. Das Innenmaß des Rahmens sollte 21 x 30 cm betragen.

2 Geben Sie Klebstoff auf die Ecken, und nageln Sie die Leisten mit Messingnägeln. L-förmige Messingplättchen mit Flachkopfschrauben dienen als Eckenverstärker.

3 Schmirgeln Sie rauhe oder unebene Stellen mit feinem Schmirgelpapier glatt.

SIE BRAUCHEN

- 8 Holzleisten
- Wasserfesten Klebstoff
- Messingnägel oder kleine Schrauben
- L-förmige Eckenverstärker (wahlweise)
- Klebeband
- Lack oder Leinöl
- Siebgeflecht
- Rostfreie Drahtösen oder Reißzwecken
- Feines Schmirgelpapier

4 Auf die Form kommt ein Siebgeflecht; es wird straff über die Form gespannt. Schneiden Sie das Geflecht auf die Außenmaße der Form zu. Gardinenstoff muß vor dem Festheften mit Drahtösen oder Reißzwecken um die Kanten herum gezogen werden; arbeiten Sie jeweils von der Randmitte zu den Ecken.

5 Überkleben Sie die Drahtösen mit Klebeband, um zu vermeiden, daß Faserbrei unter das Sieb gerät.

6 Fertigen Sie auf die gleiche Weise den Deckel an. Imprägnieren Sie Form und Deckel mit Lack oder Leinöl.

7 Form und Deckel sollten exakt passen; sie sind jetzt gebrauchsfertig.

Die langen Rohbaumwollfasern gewinnt man durch sogenanntes «Entkörnen»; sie dienen zur Textilherstellung. Baumwollumpen ergeben sehr festes, dauerhaftes Papier.

Fasermaterialien

Blätter mit einer festen äußeren Haut müssen geschält werden, um die inneren Fasern freizulegen

Zellulosefasern, Hauptbestandteil des Papiers, gibt es in den verschiedensten Formen. Alle Pflanzen enthalten Zellulose, einige weisen jedoch einen höheren Anteil verwertbarer Fasern auf. Manche haben lange und dünne, andere kurze und dicke Fasern; eine einzelne Pflanze kann auch unterschiedlich lange Fasern besitzen.

Papier läßt sich aus nahezu jeder Pflanze herstellen, am besten eignen sich Pflanzen mit einem hohen Anteil langer Fasern. Man kann auch bereits verwendete Fasern wiederverwerten. Die Wahl des Fasermaterials hängt davon ab, was für eine Art von Papier Sie herstellen wollen und welche Utensilien Sie zur Aufbereitung zur Verfügung haben.

Rohfasern für die Papierherstellung werden nach ihrem Sitz in der Pflanze unterschieden. Bast- oder innere Rindenfasern von Hanf, Flachs und Kozo haben mit die längsten Fasern. Blattscheidenfasern des Abacá und Blattfasern von Sisal und Yucca sind weniger ergiebig als Bastfasern. Grasfasern liefern Bambus, Bagasse (Zuckerrohr) und Reisstroh. Gräser haben sehr kurze, brüchige Fasern und sind nicht sehr ergiebig.

Darüber hinaus gewinnt man aus den Samenhüllen bestimmter Pflanzen Fasern. Baumwolle und Kapok sind Beispiele für «Samenhaar-Fasern». Außerdem dienen Nadel- und Laubbäume als Faserlieferanten; sie finden in der Papierindustrie Verwendung.

Fertiges Fasermaterial

Fasern für Textilien und Korbwaren eignen sich zumeist auch zum Papiermachen. Im Westen lieferte traditionell vor allem aus Flachs und Baumwolle gefertigtes Tuch Fasermaterial für die Papierherstellung. Heute wird eher

Getrocknete japanische Bastfaserbündel (unten links): «Kozo», «Gampi» und «Mitsumata». Vor dem Kochen wird der Bast über Nacht in Wasser eingeweicht. Flachs (links) dient zur Herstellung von Leintuch und ergibt außergewöhnlich festes, durchscheinendes Papier. Baumwolle (unten rechts) hat feste, vielseitig verwendbare Fasern, die besonders reine Zellulose liefern.

kaufen. Sie werden als getrocknete und gepreßte Platten angeboten.

Eine lohnenswerte Alternative bildet wiederaufbereitetes Papier. Von alters her wurde Papier wiederverwertet, heute betrachten viele Künstler die Verwendung von Altpapier als Teil einer umfassenden Umweltpolitik. Industriell gefertigte Papiere stehen in großen Mengen zur Verfügung, aber man sollte sie nicht wahllos verwenden. Stark imprägniertes Papier, Papier mit glänzender Oberfläche oder stark geleimtes Papier (das weniger saugfähig ist) läßt sich nur durch langes Einweichen oder Kochen aufschließen. Qualitativ schlechte, kurzlebige Papiere mit hohem Holzschliff- und Säuregehalt ergeben wiederaufbereitet ein minderwertiges Papier. Am besten eignet sich hochwertiges Büttenpapier oder Hadernpapier für die Wiederaufbereitung.

«Halbstoff» (teilweise vorbereitete Stofflumpen aus der Textilindustrie) verwendet. In Webereien sind oft verarbeitete Raphia-, Seegras-, Jute- und Sisalfasern erhältlich. Ebenfalls gibt es Linters, das sind kurze Baumwollfasern unterschiedlicher Qualität, und Manilahanffasern (Abacá) im Fachhandel zu

In China diente Reisstroh seit langem als Ausgangsmaterial für Papier. Um die Fasern aufzuschließen, wird das aufgehäufte Reisstroh mit Kalkmilch übergossen.

Aufbereiten der Fasern

In Japan werden Bastfasern in Holzbottichen gedämpft. Nach dem Abkühlen wird die gelockerte Rinde vom Holzkern entfernt.

Die meisten Fasern müssen aufbereitet werden, bevor man sie zum Papiermachen verwenden kann. Dazu wird das Fasermaterial gewöhnlich in einer Lauge gekocht; je nach Beschaffenheit ist zusätzlich ein Vorkochen der Faser erforderlich.

Die alten europäischen Methoden der Aufbereitung von Flachs- und Baumwollumpen erforderten viel Aufwand. Die gesponnenen und zu Tuch gewebten Fäden mußten aufgelöst werden. Das war eine zeit- und arbeitsaufwendige Angelegenheit. Zunächst wurden die Lumpen nach Faserart, Farbe und Qualität sortiert, die Nähte aufgetrennt und die Knöpfe entfernt. Nach dem Sortieren wurde loser Schmutz beseitigt, dann wurden die Lumpen in kleine Teile geschnitten. Anschließend ließ man die Lumpen zur Vorbereitung fürs Stampfen faulen, damit die Fasern weich wurden und sich lösten. Danach wurden sie gründlich gewaschen. Im 19. Jahrhundert ersetzten Schnellkoch- und Schnellbleichverfahren diese herkömmlichen Techniken.

Faulen der Rohfaser

Rohfasern müssen häufig erst faulen, bevor man sie kocht und sie sich zur Papierherstellung eignen; teils macht das Faulen das Kochen überflüssig. Diesen Faulprozeß setzt man in Gang, indem man die Fasern in eine Lauge gibt oder sie an einem warmen Ort in Wasser stehenläßt, bis Bakterien die Fasern zu lösen beginnen. Diese Technik wird noch heute von den Chinesen angewendet, um Bambus zum Papiermachen vorzubereiten.

Das Aufbereiten von Kozobastfasern – Ausgangsstoff für neunzig Prozent des in Japan hergestellten Papiers – erfordert ebenfalls mehrere Arbeitsgänge.

Man nimmt etwa zwei Jahre alte Kozobäume, eine Maulbeerbaumart. Die Äste, die einen Durchmesser von ungefähr 15 mm haben, werden alle auf eine Länge geschnitten, gebündelt und in einem geschlossenen Behälter zwei Stunden gedämpft. Dadurch löst sich die Rinde vom Holzkern und läßt sich nun leicht abstreifen. Das von der Rinde befreite Fasermaterial wird zum Trocknen aufgehängt und für den weiteren Gebrauch gelagert.

Bevor sie zum Papiermachen verwendet werden, müssen die getrockneten Fasern eingeweicht werden; dazu legt man sie mehrere Stunden in kaltes, fließendes Wasser, in der Regel in einen nahegelegenen Bach. Oft wird die schwarze äußere Rinde durch Stampfen mit den Füßen gelockert. An einem trockenen Ort wird dann die Außenrinde mit dem Messer abgeschabt.

Um qualitativ hochwertiges weißes Papier zu erhalten, wird die zweite grüne Rinde ebenfalls entfernt und nur die weiße innere Rinde für den Faserbrei verwendet. Anschließend wird das Fasermaterial gründlich gewaschen und dann entweder getrocknet und gelagert oder sofort gekocht.

Kochen

Die meisten Rohfasern müssen gekocht werden, bevor man sie zu Faserbrei zerstampfen kann. Das Kochen hat den Zweck, die Fasern zu reinigen, sie aufzuschließen und unerwünschte Bestandteile zu entziehen. Hierzu zählt beispielsweise Lignin, der «Zwischenzellen-Leim», der für den Verbund der Pflanzenfasern sorgt. Lignin stößt Wasser ab und hemmt den Verbund der Zellulosefasern. Andere Substanzen wie Zucker, Stärke, Wachs und Harz, sogenannte «Extraktstoffe», müssen ebenfalls entzogen werden. Sie würden den Faserbrei verunreinigen und können zu Verfärbungen und zum raschen Zerfall des Papiers führen.

Diese Ziele erreicht man am einfachsten, indem man das Fasermaterial in einer milden Lauge kocht. Japanische Papiermacher verwendeten Pottasche (Kaliumkarbonat); dazu ließen sie Wasser durch Holzasche sickern. Um die Fasern aufzuhellen, bleichte man sie oft vor dem Stampfen in der Sonne. Die Rinde wird je nach Alter, Qualität der Fasern und der Art des gewünschten Papiers mehrere Stunden gekocht. Danach wird jeder einzelne Faserstrang auf Verschmutzungen untersucht und sorgfältig gereinigt.

Sammeln und Kochen

Wenn Sie selbst Papier herstellen, sollten Sie nach Möglichkeit heimische Pflanzen verwenden. Sicher finden Sie in Ihrer Umgebung Pflanzen, die sich zum Papiermachen eignen.

Das Pflanzenmaterial wird im Spätsommer, Frühling oder am Ende der Wachstumsperiode gesammelt, wenn der Zelluloseanteil am höchsten ist und bevor die Pflanze anfängt zu verdorren. So wie sich die Fasern verschiedener Pflanzen unterscheiden, können auch die Fasern einer einzelnen Pflanze je nach Klima, Wachstumsbedingungen, Alter, Erntezeitpunkt und Verfahrensweise variieren.

Wenn Sie sich für eine bestimmte Pflanze entschieden haben, sammeln Sie Exemplare davon zu verschiedenen Jahreszeiten. Sie können sie frisch verwenden oder vor dem Kochen trocknen, das fertige Papier erhält so nuancierte Texturen und Farbtöne.

Wieviel Material benötigt man?

Wieviel Sie sammeln, hängt davon ab, ob die gewünschte Pflanze in ausreichender Menge anzutreffen ist, und von der Zahl von Papierbogen, die Sie herstellen wollen. Manche Fasern haben ein größeres Volumen als andere. Die Blätter der Yuccapflanze zum Beispiel liefern sehr viel Fasermaterial, von

Das Sortieren, Kontrollieren und Reißen der Lumpen, die in der Papiermühle in ungeordneten Haufen und unterschiedlichstem Zustand eintrafen, war eine unangenehme Arbeit; sie wurde meist von Frauen verrichtet.

Bambusbündel werden, mit Steinen beschwert, zum Netzen und Faulen in Wasser gelegt, um die Fasern zum Papiermachen aufzuschließen.

einigen Schilfarten dagegen bleiben nach dem Kochen nur wenige kurze Fasern übrig. Von wenig ergiebigen Pflanzen benötigt man beachtliche Mengen. Doch bevor man Pflanzen in großer Zahl sammelt, beginnt man nach Möglichkeit mit einer kleinen Menge Fasermaterial und findet zunächst heraus, ob es sich gut eignet.

Kochdauer

Die Kochdauer ist abhängig von den verwendeten Chemikalien, die sich auch auf die Beschaffenheit des fertigen Papiers auswirken. Eine stark ätzende Kochlösung oder langes Kochen können die Fasern schädigen und weiches Papier zur Folge haben. Feste Fasern erfordern meist längeres Kochen.

Wenn Fasermaterial nach zwei Stunden noch nicht weich ist, kocht man es ein zweites Mal. Gießen Sie das Wasser ab, spülen Sie die Fasern, und kochen Sie sie in einer frischen Lösung noch einmal zwei Stunden. Wenn Fasern nach vier, fünf Stunden Kochen immer noch nicht weich sind, empfiehlt es sich, sie faulen zu lassen.

Staudenbastfasern und einige der festeren Blatt- und Grasfasern sind sehr arbeitsaufwendig, was die Zubereitung angeht. Manche sind kochresistent und erfordern außerdem langes Stampfen – von Hand oder mit dem Mixgerät –, bis sie sich zum Papiermachen eignen. Solche Fasern läßt man besser faulen (s. S. 25).

Geeignete Kochlösung

Soda (Natriumkarbonat) wird allgemein zum Kochen verwendet; es ist un-

METHYLZELLULOSE	BLATTBILDUNGS-HILFSMITTEL
Methylzellulose ist in Pulverform erhältlich und wasserlöslich. Sie kann als Klebemittel für Archivrestaurationen verwendet werden. Methylzellulose wird vor allem kurzem Fasermaterial zugegeben und trägt zur besseren Verbindung der Fasern bei. Bereiten Sie eine Lösung aus etwa 450 ml Wasser und 225 g Pulver zu. Geben Sie das Pulver unter ständigem Rühren in das Wasser. Lassen Sie die Mischung stehen, bis sich das Pulver vollständig aufgelöst hat. Verdünnen Sie die Lösung nach Bedarf.	Dieses Hilfsmittel, auch unter der Bezeichnung «neri» oder synthetisches «tororo-aoi» bekannt, ist ebenfalls in Pulverform erhältlich. Das Pulver wird in das kalte Wasser gegeben; stellen Sie eine Mischung aus 4 g Pulver und 4 l Wasser her. Fügen Sie das Pulver unter ständigem Rühren hinzu. Lassen Sie die Lösung dann mehrere Stunden stehen, und rühren Sie sie hin und wieder um, damit sich das Pulver vollständig auflöst.

Im Herbst kann man auf dem freien Feld verdorrte Blattfasern sammeln und sie trocknen; sie müssen vor dem Kochen nicht geschält werden. Schneiden Sie die Blätter in kleine Stücke, und weichen Sie sie 24 Stunden in frischem Wasser ein.

gefährlicher und eignet sich besser als Ätznatron (auch als Natronlauge bezeichnet). Soda ist überall im Handel erhältlich. Die folgende Kochanleitung gilt für das Kochen von Pflanzenfasern in Soda.

Kochanleitung

Schneiden Sie die Stiele oder Blätter der gesammelten Pflanzen in etwa 1,2 cm große Stücke. Entfernen Sie Knoten, Gelenke und verfärbte Stellen. Vorheriges Einweichen kann die Kochzeit verringern. Getrocknete Pflanzen sollten mit Gewichten beschwert 24 Stunden vor dem Kochen in Wasser gelegt werden. Einige Pflanzen, zum Beispiel solche mit hohlem Stengel, müssen vor dem Einweichen mit einem Holzschlegel oder einem Nudelholz zerdrückt werden. Frisches Pflanzenmaterial wird mit Gewichten beschwert über Nacht in Wasser eingeweicht.

Die Sodamenge wird entweder nach dem Trockengewicht der Fasern oder der zum Kochen verwendeten Wassermenge berechnet. Man rechnet durchschnittlich 20 Prozent Natriumkarbonat auf das Fasertrockengewicht – 20 Prozent von 450 g Fasermaterial beispielsweise sind 90 g. Die genauere Methode ist jedoch, die Sodamenge nach der Wassermenge zu bestimmen. Auf jeweils einen Liter Wasser kommen 15 g Soda. Sie können die Menge je nach Festigkeit des zu kochenden Fasermaterials bis auf 30 g pro Liter erhöhen. Der pH-Wert der Kochlösung sollte zwischen 10 und 11 liegen, so daß unerwünschte Bestandteile vernichtet werden, die Zellulose aber unbeschädigt bleibt. Messen Sie den Wert mit einem Teststreifen aus der Apotheke.

Geben Sie in einen rostfreien Topf oder ein Emailgefäß so viel kaltes Wasser, daß es die Fasern, die später hineingegeben werden, bedeckt. Messen Sie die benötigte Menge Natriumkarbonat, und lösen Sie sie in Wasser auf; füllen Sie diese Lösung in den Topf. Rühren Sie die Lösung gut um, und bringen Sie sie zum Kochen. Geben Sie die Fasern hinzu, sobald die Lösung zu kochen beginnt.

Kochen Sie Fasern und Lösung zusammen auf, und lassen Sie sie bei geringer Hitze weiterköcheln. Setzen Sie den Deckel auf den Topf, und lassen Sie die Masse 2-3 Stunden kochen; rühren Sie sie alle 30 Minuten um. Prüfen Sie dabei jeweils die Fasern, indem Sie einige aus dem Topf nehmen und abspülen und in Faserrichtung auseinanderreißen. Die Fasern sind fertig, wenn sie sich mit einem sanften Ruck leicht trennen lassen.

Lassen Sie die Kochlösung abkühlen, und gießen Sie dann die gesamte Flüssigkeit ab, am besten in einen Abfluß im Freien. Spülen Sie die Fasern gründlich so lange, bis das Wasser klar bleibt. Nehmen Sie dazu ein tiefes, feines Sieb aus Kunststoff oder nichtrostendem Draht, oder seihen Sie die Masse durch ein Tuch. Tragen Sie beim

Nach dem Kochen und Abgießen spülen Sie die Fasern gründlich unter klarem fließendem Wasser, um sie von Schadstoffen zu reinigen.

Spülen der Fasern stets Gummihandschuhe. Wichtig ist, daß die Chemikalienreste, das Lignin und andere nichtfaserige Bestandteile restlos beseitigt werden. Dazu spült man die Fasern am besten mehrfach in einem Eimer mit frischem Wasser. Der pH-Wert sollte jetzt bei 7 liegen. Dies können Sie feststellen, indem Sie eine kleine Menge Fasern in einen Behälter mit destilliertem Wasser geben und mit einem Teststreifen den Wert ermitteln.

Bleichen

Pflanzenfasern haben ihre eigene charakteristische Farbe und müssen nicht unbedingt gebleicht werden. Einige traditionelle Verfahren der Faserzubereitung führen jedoch zwangsläufig zur Aufhellung, was die Qualität des fertigen Papiers erhöhen kann. In Japan beispielsweise wird das entrindete Fasermaterial im Freien zum Trocknen aufgehängt und somit dem natürlich bleichenden Sonnenlicht ausgesetzt; in Europa sorgte das Waschen während des Stampfens für die Aufhellung der Lumpenfasern.

Die Einführung von Chlor als Bleichmittel Ende des 18. Jahrhunderts ersetzte schnell ältere, zeitaufwendigere Methoden, Lumpen ohne Zusatz von Chemikalien zu bleichen. Chlor kann allerdings stark die Zellulosefasern angreifen und den Säuregehalt des Papiers verändern, was zu Gelbfärbung und Versprödung führt. Wenn Sie die natürliche Farbe Ihres Fasermaterials aufhellen wollen, ist das sicherste Bleichmittel Wasserstoffperoxid. Man legt die Fasern nach dem Kochen mehrere Tage in eine verdünnte Lösung. Eine optimale Bleichung erzielt man mit einer Lösung mit einem pH-Wert zwi-

Eine dreiprozentige Wasserstoffperoxid-Lösung ist anderen Bleichmitteln vorzuziehen; vor dem Bleichen (rechts), nach dem Bleichen (unten).

VORSICHTS-MASSNAHMEN
- Tragen Sie beim Mischen von Lösungen Gummihandschuhe und Schutzbrille.
- Verwenden Sie für Laugen keine Behälter oder Rührgeräte aus Aluminium.
- Fügen Sie die chemische Substanz dem Wasser zu, niemals umgekehrt.
- Vermeiden Sie, daß Lösungen mit der Haut in Berührung kommen, und arbeiten Sie an einem gut belüfteten Ort.
- Halten Sie sich an die empfohlenen Vorsichtsmaßnahmen auf der Gebrauchsanweisung.

schen 9 und 9,5. Wasserstoffperoxid hinterläßt keine schädlichen Rückstände auf den Fasern, aber Sie müssen die Fasern nach dem Bleichen gründlich spülen, bis der pH-Wert bei 7 liegt.

Aufbewahren der Fasern

Getrocknete Pflanzenfasern können bei trockener Lagerung unbegrenzt aufbewahrt werden; kontrollieren Sie regelmäßig, daß sie nicht anfangen zu schimmeln. Im Kühlschrank hält sich fertiger Faserbrei etwa eine Woche. Prüfen Sie in regelmäßigen Abständen, daß der Faserbrei nicht «schlecht» wird. Gekochte und gespülte Fasern sollten für den weiteren Gebrauch nicht getrocknet werden, man kann sie aber einfrieren.

Stampfhämmer in der Papiermühle Richard de Bas in Frankreich; sie dienten zum Stampfen der Lumpen in den mit Wasser gefüllten Trögen.

Stampfen und Zubereiten des Faserbreis

Ein mit Papierbrei gefüllter Holländer. Holländer zerschneiden und zerreißen Fasern und erzeugen einen qualitativ anderen Faserbrei als die Stampfhämmer, die die Fasern zerreiben und quetschen.

Wie Sie die Fasern stampfen, hat großen Einfluß auf die Qualität und die Merkmale der fertigen Blätter. Das Stampfen bewirkt zweierlei: Die Fasern verbinden sich mit Wasser, und sie werden aufgeschlossen. Die Hydratation führt durch die Aufnahme von Wasser zu einer veränderten Beschaffenheit der Zellulosefasern. Das Auffasern zerstört die Faserwände und löst die Fibrillen. Beides zusammen fördert die chemische Verbindung (auch Wasserstoffbrücken-Bindung genannt) zwischen den einzelnen Zellulosefasern, was zur Papierherstellung unerläßlich ist.

Um diesen Prozeß zu unterstützen, kann man die Fasern kleinschneiden. Das gilt vor allem für lange Fasern, die sonst zusammenklumpen und ein unstrukturiertes, ungleichmäßiges Papier ergeben würden. Schneidet man sie jedoch zu klein, erhält man ein Papier, das nicht geschmeidig und fest ist.

Bei den frühen europäischen Methoden der Aufbereitung von Lumpen zu Faserbrei wurden große, wassergetriebene Hämmer oder Stampfen verwendet. Sie wurden Ende des 17. Jahrhunderts durch den Holländer ersetzt, ein Mahlgerät, das nicht nur schneller arbeitete, sondern auch mengenmäßig mehr leistete.

Heute gibt es mehrere Typen des Holländers, aber alle funktionieren nach demselben Prinzip: Der Faserbrei zirkuliert durch eine ovale Wanne; in der Mitte befindet sich eine angetriebene Walze mit quer angebrachten Metallmessern, die den Schaufelrädern eines Raddampfers ähneln. Wenn die Walze sich bewegt, wird der Papierbrei nach unten gegen die Bodenplatte gedrückt, die auf dem Wannenboden unterhalb der Walze verankert ist. Er zirkuliert in einem fort in der Wanne. Die Fasern werden durch die Walzenmesser ständig gegen die Bodenplatte gedrückt und ergeben schließlich den Papierbrei.

Stampfverfahren und Stampfdauer richten sich nach der Faserart und dem gewünschten Papiertypus. In der japanischen Papierherstellung ist relativ kurzes Stampfen zum Aufschließen der Fasern erforderlich. Das liegt daran, daß Bastfasern einen hohen Anteil an Hemizellulose enthalten, die in der Zusammensetzung Zellulose ähnelt, sich aber leichter geschmeidig machen läßt.

Das Stampfen von Hand

Das Stampfen von Hand ist die einfachste und direkteste Methode, Pflanzenteile in einen zur Papierherstellung geeigneten Faserbrei zu verwandeln. In China wurden ursprünglich Lumpen oder Bast mit einem Stößel in einem Mörser zu Faserbrei gestampft. Für die meisten Pflanzenfasern können Sie dieses Verfahren übernehmen. Sie verwenden dazu einen Holzschlegel, ein Schlagholz oder die flache Seite eines Stücks Hartholz und stampfen die Fasern auf einem stabilen Brett aus Hartholz oder auf einem Stein; es geht auch mit dem stumpfen Ende eines Axtstiels und einem stabilen Eimer. Machen Sie das Werkzeug aus Holz und das Brett vor dem Stampfen naß, damit das Holz nicht splittert: Sie sollten deshalb kein gewöhnliches Hackbrett nehmen.

Wenn Sie einen Stößel oder Mörser aus glattem Stein verwenden, achten Sie darauf, daß keine abgeschlagenen Steinsplitter unter die Fasern geraten. Manche Fasern spritzen beim Stampfen in alle Richtungen. Wenn Sie sie auf einem flachen Untergrund stampfen, kann sich ein Spritzschutz als vorteilhaft erweisen. Außerdem ist eine Schutzbrille anzuraten.

Nehmen Sie eine kleine Menge gekochter Fasern, pressen Sie das Wasser heraus, und legen Sie sie auf eine harte Unterlage. Zerstampfen Sie die aufgehäuften Fasern systematisch von einer Seite zur anderen. Mit jedem Schlag breitet sich der Faserhaufen aus. Wenn die Fasern die gesamte Unterlage bedecken, werden die Fasern an den Rändern in die Mitte gelegt. Anschließend drehen Sie die Fasermasse um und fangen wieder von vorne an.

Pflanzenfasern können von Hand mit Stampfhölzern (links) geschlagen werden, wie diese Zeichnung aus dem «Kamisuki Chohoki» zeigt (oben).

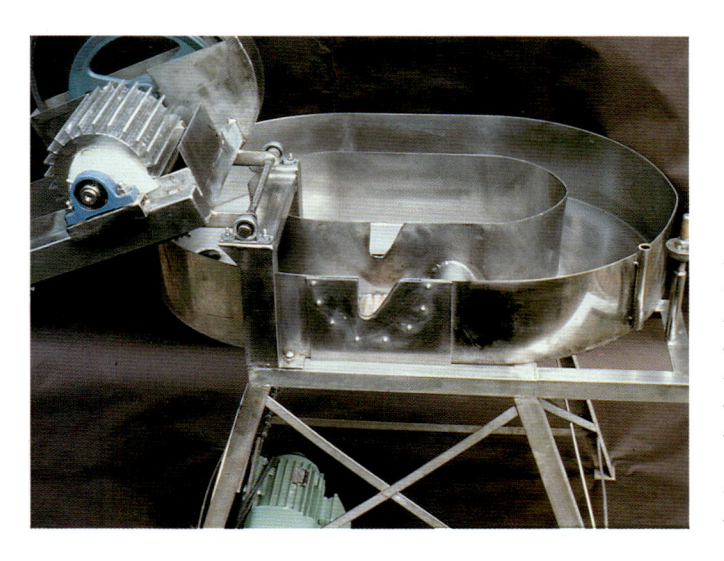

An dem aufgeklappten Holländer (entworfen von Peter Gentenaar) sind Walze und Bodenplatte zu sehen. Dieses Modell dient zur Verarbeitung langer Fasern, zum Beispiel Flachs.

Trocknen die Fasern während des Stampfens aus, befeuchten Sie sie leicht, damit sie genügend Wasser aufnehmen können und gut aufgefasert werden.

Probe

Um festzustellen, ob die Fasern ausreichend zerstampft sind, geben Sie ein wenig von der Masse in ein Marmeladenglas mit Wasser und schütteln es kräftig. Finden sich darin noch lange

Stränge oder Faserklumpen, fahren Sie mit dem Stampfen fort.

Die Verwendung eines Mixers

Statt von Hand lassen sich einige Pflanzenfasern gut mit einem Küchenmixer zerkleinern; viele ziehen die Aufbereitung von Hand jedoch vor und verwenden einen Küchenmixer ausschließlich für Recyclingpapier. Geben Sie eine kleine Handvoll vorbereiteter Fasern in den Mixer, und füllen Sie das Gefäß bis etwa 5 cm unterhalb des Rands mit Wasser. Schalten Sie das Gerät zunächst 10-15 Sekunden ein. Achten Sie darauf, daß sich die Fasern nicht um die Schneidemesser wickeln. Sorgen Sie dafür, daß kein Wasser in den Motor dringt. Hat Ihr Mixgerät regulierbare Geschwindigkeitsstufen, beginnen Sie mit der niedrigsten und schalten dann auf die jeweils nächsthöhere Stufe. Der Motor wird weniger strapaziert, wenn Sie ihn mehrmals kurz einschalten, statt ihn lange laufen zu lassen. Nehmen Sie zwischen jedem Zerkleinerungsvorgang den Deckel ab, und prüfen Sie die Fasern. Lassen Sie das Mixgerät nicht unbeaufsichtigt laufen, es darf nicht überhitzen.

Ein Mixer zertrennt und kürzt die Fasern durch Zerschneiden, das Material wird aber nicht vollständig hydratisiert und aufgefasert. Bei jedem «Recyceln» oder Mixen werden die Fasern kürzer, und das fertige Papier verliert damit an Festigkeit. Beim Zerstampfen von Hand dagegen vermeiden Sie das Problem, daß das Fasermaterial übermäßig zerkleinert wird.

Recyclingpapier im Küchenmixer aufbereiten

Egal welche Art von Recyclingpapier Sie verwenden (siehe unten), entfernen Sie stets Klebebandstückchen, geleimte Ränder, Drahtösen und Heftklammern. Reißen oder schneiden Sie das Papier in etwa 2,5 cm große Quadrate; weichen Sie sie über Nacht in Wasser ein. Nicht saugfähiges Papier muß eventuell länger eingeweicht oder vorher gekocht werden. Anschließend werden die Papierstückchen gespült.

Altpapiere – vor allem stark geleimtes Hadernpapier oder Papier, das bereits beschrieben, bemalt oder bedruckt

Pflanzenfasern können von Hand mit einem schweren Stößel im Mörser oder mit einem Holzstampfer auf einer breiten, stabilen Unterlage gestampft werden.

Zum erneuten Netzen von teils vorbereitetem Faserbrei und zum Untermischen von Farben und anderen Zusätzen eignen sich Rührstab und Küchenmixer.

wurde – kann in kleine Stücke geschnitten und dann in einer milden Lauge gekocht werden, um die Fasern zu reinigen und aufzuweichen. Vor dem Verarbeiten im Mixgerät wird das Material erneut gespült.

Verwenden Sie säurehaltige Ausgangsstoffe wie zum Beispiel imprägnierte Zeitschriften oder Zeitungspapier, müssen Sie, um dauerhaftes Papier zu erhalten, Calciumcarbonat (Kalkstein) als Säurepuffer zugeben. Dazu weichen Sie die Papierstückchen über Nacht in einer Lösung aus 50 g Calciumcarbonat pro Liter Wasser ein.

Für die Zubereitung des Faserbreis nehmen Sie eine kleine Handvoll Papierschnipsel und geben sie nach und nach in das zu Zweidrittel mit Wasser gefüllte Mixgerät. Die Mixdauer richtet sich nach der gewünschten Glattheit und Textur des Papiers. Um Bild- oder Textteile des bedruckten Papiers zu erhalten, verkürzen Sie die Zeit entsprechend.

Für die Zubereitung größerer Mengen Faserbrei aus vorbereitetem Altpapiermaterial eignet sich ein elektrischer Rührstab mit propellerähnlichem Schneidmesser an einem langen Schaft gut.

Aufbewahren von Faserbrei

Papierbreireste lassen sich ausgepreßt in einem geschlossenen Behälter im Kühlschrank aufbewahren. Bei kühlem Wetter kann man den Faserbrei mehrere Tage in einem Eimer stehenlassen.

Kleine Mengen Pflanzenfasern können im Küchenmixer aufbereitet werden (rechts und unten). Zerkleinern Sie die Fasern nicht vollständig; sonst erhalten Sie weiches, weniger festes Papier.

Geben Sie einige Fasern in ein Glas mit klarem Wasser (oben): Sind alle etwa gleich fein, sind sie genügend gestampft.

Zum Schutz vor Staub und Insekten bedecken Sie den Eimer mit einem feinen Sieb oder durchlässigen Tuch. Wie anderes Pflanzenmaterial verdirbt der Faserbrei bei zu langer Lagerung. Sie können Faserbrei auch an der Luft trocknen lassen; zum Entwässern verwenden Sie ein feines Sieb oder einen Netzbeutel und pressen soviel Wasser wie möglich heraus. Vor dem erneuten Gebrauch wird der Papierbrei so lange in Wasser gelegt, bis er aufgeweicht ist. Um Klumpen aufzulösen, müssen Sie die Masse nötigenfalls nochmals stampfen. Einmal getrocknet, nimmt der Faserbrei jedoch nicht mehr soviel Wasser auf wie bei der ersten Zubereitung, und er kann weniger festes Papier ergeben.

Färbemittel und andere Zusätze

Früher dienten verschiedene natürliche Substanzen wie Beeren, Rinden, Pflanzensäfte, Ruß, Safran, Weichtiere, Färberröte, Färberwaid und Indigo zum Papierfärben. Zum Auftragen der Farbe wandte man unterschiedliche Methoden an; zum Beispiel bestrich man die Oberfläche mit Farbe oder tauchte den Bogen in ein Farbbad.

An frühen europäischen handgeschöpften Papieren konnte man Farbe und Qualität der Lumpen erkennen, aus denen sie hergestellt waren. In der Hauptsache waren Weiß-, Braun- und Blautöne vertreten. Weißes Papier, das es zum Beschreiben und Bedrucken in verschiedenen Güteklassen gab, wurde aus den besten weißen Lumpen hergestellt. Blaue und braune Lumpen dienten größtenteils für grobes, aber festes Gebrauchspapier zum Verpacken, für Dekorpapiere und Tapeten. Im 18. Jahrhundert wurde durch die

Die natürlichen Farben verschiedener Pflanzen ergeben Papiere mit feinen Farbnuancen.

Speziell für die Papierherstellung entwickelte Pigmentpräparationen auf wäßriger Basis ergeben satte, kräftige Farben.

Zugabe von Farbstoffen zur Fasermasse – die nach demselben Prinzip erfolgte wie bei Textilien – das Spektrum farbiger Papiere erweitert. Bei Farbstoffen handelt es sich um wasserlösliche Färbemittel. Die meisten dringen in die Struktur der Fasern ein und verbinden sich mit ihnen. Farbstoffe besitzen eine natürliche Affinität zur Zellulose. Am häufigsten werden organische Farbstoffe, faserreaktive Farbstoffe (die in einer Lauge eine chemische Verbindung mit den Fasern eingehen und vor allem in der Textilindustrie eingesetzt werden) und natürliche Pflanzenfarbstoffe verwendet.

Nur wenige Farbstoffe sind farb- und lichtbeständig; daher sollten Sie das Färbemittel sorgfältig auswählen. Vermeiden Sie nach Möglichkeit Färbemittel, denen man zum Fixieren der Farbstoffe auf dem Zellstoff eine Beize (die Farbe bindende Substanz) zugeben muß. In Anleitungsbüchern über das Färben von Textilien mit natürlichen Substanzen finden Sie genaue Hinweise zu geeigneten Färbemitteln.

Wasserunlösliche Farbpigmente legen sich als feine Körnchen entweder um die Fasern oder füllen die Zwischenräume aus. Als einziges lichtbeständiges Färbemittel ergeben sie klare, leuchtende Farben. Die wasserunlöslichen Farbpigmente haben jedoch wenig Affinität mit Zellulose und bleiben nur bei Zugabe eines Binders auf den Fasern haften. Beide Substanzen werden im allgemeinen in der letzten Phase des Stampfens dem Faserbrei zugegeben. Speziell zum Papierfärben entwickelte Pigmentpräparationen und Binder mit genauen Gebrauchsanleitungen gibt es im Handel zu kaufen. Der Binder sorgt für die Verbindung der Farbe mit den Fasern und ersetzt die Beize.

Aufheller und Füllstoffe

Bestimmte Zusätze wie Calciumcarbonat, Porzellanerde (Kaolin) und Titandioxid können die Opazität (Undurchsichtigkeit) und Weiße des Papiers verbessern. Diese Zusätze sind meist in Pulverform erhältlich; sie werden dem Faserbrei in der letzten Phase des Stampfvorgangs hinzugefügt. Wie die wasserbeständigen Farbpigmente lagern sie sich in den Faserzwischenräumen ab und sorgen als Füllstoffe für eine glatte Blattoberfläche, die sich besser zum Bedrucken eignet. Außerdem verringern sie das Schrumpfen, was vor allem bei dreidimensionalen Papierarbeiten von Vorteil ist.

Eine Auswahl farbiger Japanpapiere.

In Nepal dient eine flache Vertiefung im Boden als Schöpfbütte; das Papier wird durch Eingießen in eine Form gebildet, die auf dem Wasser schwimmt.

Frühe westliche Schöpfbütten haben die Form von Weinfässern; die Dauben werden mit Metallreifen zusammengehalten.

Schöpfbütten

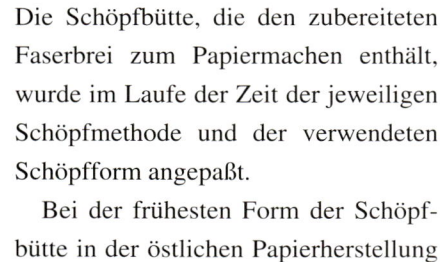

Die Schöpfbütte, die den zubereiteten Faserbrei zum Papiermachen enthält, wurde im Laufe der Zeit der jeweiligen Schöpfmethode und der verwendeten Schöpfform angepaßt.

Bei der frühesten Form der Schöpfbütte in der östlichen Papierherstellung handelt es sich um flache Gräben oder in den Boden gegrabene rechteckige Vertiefungen, die mit Wasser gefüllt werden. Man läßt die Schöpfform, einen Holzrahmen mit gewebtem Material als Schöpfsieb, auf dem Wasser treiben; die Form füllt sich mit Wasser. Der Papiermacher kniet neben der Bütte und formt ein Blatt Papier, indem er eine bestimmte Menge Faserbrei in die Form gießt und die Schicht mit der Hand gleichmäßig verteilt; dann wird die Form vorsichtig aus der Bütte gehoben.

Heute werden zum Papierschöpfen nach östlichen Methoden meist rechteckige hölzerne Schöpfbütten verwendet, an denen man bequem im Stehen arbeiten kann. Sie werden mit Wasser gefüllt, dann werden die Fasern hinzugefügt. Die Bütte bietet ausreichend Platz zum Handhaben der Form. Die traditionellen japanischen Schöpfbütten waren mit einem *maze* versehen. Dieses Rührwerk bestand aus einer abnehmbaren, über der Schöpfbütte aufgehängten rechenähnlichen Vorrichtung zum gleichmäßigen Verteilen der Fasern in der Bütte, außerdem einer Halterung für die Schöpfform und einem Rührstab.

Auf Darstellungen der ersten europäischen Papiermühlen sind meist große runde Holzbütten zu sehen, die vermutlich aus großen Weinfässern hergestellt waren. Die Schöpfform hingegen war rechteckig. Spätere Darstellungen zeigen die Heizvorrichtung, die das Wasser in der Schöpfbütte erhitzte, und einen Steg oder ein Brett quer über der Bütte mit einem «Esel», an den die Schöpfform gelehnt wurde, damit das Wasser vor dem Abgautschen des frisch geformten Bogens abtropfen konnte.

Später wurden die Schöpfbütten aus Stein oder Eisen mit einer Bleiverkleidung als Rostschutz hergestellt. Sie waren mit einem «Knotenfänger» versehen, der den Faserbrei von Knoten und Klumpen befreite, bevor er in die Bütte gegeben wurde. Außerdem befand sich am Boden der Schöpfbütte eine sich drehende Schaufel als «Rührwerk», das die Suspension in Bewegung hielt.

Heute werden die Schöpfbütten für die östliche und westliche Art der Papierherstellung aus Kiefern- und Zedernholz, das mit Kupfer oder rostfreiem Stahl ausgekleidet wird, aus teilweise mit Keramikfliesen ausgelegtem Beton oder Glasfaser hergestellt. Sie sind in der Regel rechteckig, haben eine nach vorn abgeschrägte Wand und weisen manche Zubehörteile auf, die man auch traditionell zum Papiermachen benötigte.

Füllen der Schöpfbütte

Bevor Sie den ersten Bogen Papier formen, muß das vorbereitete Fasermaterial in der Schöpfbütte mit frischem Wasser verdünnt werden. Die Dicke des Papiers hängt vom Mischungsverhältnis von Faserbrei und Wasser ab. Beginnen Sie mit einer Mischung aus vier Teilen Wasser auf einen Mixbehälter voll Faserbrei. Sie können zuerst das Fasermaterial und dann das Wasser in die Bütte geben. Oder Sie gießen zunächst das Wasser in die Bütte, geben dann nach und nach so viel Fasermaterial hinzu, bis der Brei die gewünschte Konsistenz hat. Lassen Sie am oberen Rand etwa 8 cm frei, sonst läuft beim Schöpfen leicht Papierbrei über die Ränder der Bütte.

Mit jedem Bogen verringert sich der Faseranteil in der Schöpfbütte. Wird die Suspension zu dünn, füllen Sie sie mit Fasern auf. Stellen Sie einen Eimer mit aufbereitetem Fasermaterial neben die Schöpfbütte, und fügen Sie nach Bedarf davon hinzu; vorher sieben Sie das Material durch ein Plastiksieb ab.

Fasern setzen sich leicht auf dem Boden der Bütte ab. Rühren Sie daher immer, bevor Sie ein Blatt schöpfen, die Mischung vorsichtig um, so daß die Fasern gleichmäßig verteilt sind. Bevor Sie den ersten Bogen schöpfen, befeuchten Sie die Oberseite der Form; dann setzen Sie den Deckel darauf.

Das Mischungsverhältnis von Wasser und Fasermasse, das die Papierdicke bestimmt, läßt sich nur durch Experimentieren herausfinden; doch mit ein wenig Übung werden Sie bald die Konsistenz entsprechend variieren können.

Ein kurzer Bambusstab eignet sich gut, um die Fasern gleichmäßig in der Schöpfbütte zu verteilen (unten).

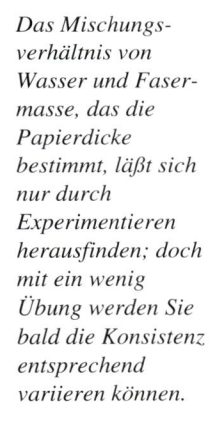

Während im Westen Schöpfgeselle und Gautscher Hand in Hand arbeiten, verrichtet in Japan einer allein die Arbeit.

Blattbildung und Gautschen

Nach dem Entfernen des Deckels überträgt der Gautscher den fertigen Bogen Papier auf ein Filztuch; hilfreich ist hierbei eine leicht gewölbte Gautschunterlage.

Im Westen wird zum Formen eines Papierbogens zunächst Fasermasse oder «Stoff» in eine Schöpfbütte mit sauberem frischem Wasser gegeben. Der Faseranteil in der Bütte beträgt ein bis zwei Prozent. Ein Schöpfgeselle hält Form und Deckel über die Bütte und taucht sie in die umgerührte Fasersuspension. Mit einer gleichmäßigen fließenden Bewegung hebt er Form und Deckel aus der Schöpfbütte und hält sie waagrecht darüber. Dann schüttelt er die Form vorsichtig nach beiden Seiten und vor und zurück, während das Wasser durch das Sieb abfließt. Dadurch wird der Papierbrei gleichmäßig verteilt, die sich setzenden Fasern werden miteinander verflochten und das Vlies geglättet. Danach stellt der Schöpfgeselle die Form zum Abtropfen auf den Rand der Bütte; schließlich entfernt er den Deckel und reicht die Form an den «Gautscher» weiter. Der Schöpfgeselle setzt den Deckel auf eine (identische) zweite Form und schöpft den nächsten Bogen Papier.

Gautschen

Der Vorgang, bei dem ein frisch geformter Bogen Papier auf eine Unterlage übertragen wird, wird als «Gautschen» bezeichnet. Der Begriff ist von dem französischen Wort «coucher» abgeleitet und bedeutet ablegen, schichten. Das Gautschen ermöglicht das Schöpfen vieler Blätter mit einer einzelnen Form. In der westlichen Papierherstellung werden die Bogen auf eine nasse Unterlage, einen Filz, gegautscht. Ein Stapel frisch gegautschter Papierbogen, zwischen die jeweils ein Filz kommt, heißt «Pauscht». Früher umfaßte der Pauscht normalerweise 6 Lagen zu 24 Bogen, heute besteht er, je nach Bedarf, aus 50-100 Blättern.

Der Gautscher nimmt die Form vom Schöpfgesellen entgegen und lehnt sie an den «Esel», damit das Wasser weiter abtropfen kann. Dann dreht er die Form mit dem darauf haftenden Bogen um und preßt sie auf einen nassen Filz, so daß das Blatt auf den Filz übertragen wird. Der Gautscher stellt die Form wieder zurück, bedeckt das abgegautschte Papier mit einem weiteren Filz und nimmt die nächste Form vom Schöpfgesellen zum Abgautschen entgegen.

Die japanische «Nagashi-zuki-Methode» unterscheidet sich erheblich vom westlichen Verfahren. Der Mischung aus Fasern und Wasser wird eine klare schleimartige Substanz, sogenanntes *neri,* hinzugefügt. «Neri» ist ein Extrakt aus den Wurzeln verschiedener Pflanzen, hauptsächlich der «Tororo-aoi-Pflanze», einer Hibiskusart. «Neri» wird ausschließlich in der japanischen Papiermacherei verwendet. Es macht das Wasser viskos, so daß die Suspension nach dem Formen des Blatts langsamer durch das «su» (s. S. 20) abtropft; außerdem verhindert es, daß die langen Bastfasern sich verfilzen, und dient so zugleich als Blattbildungs-Hilfsmittel.

Der Papiermacher taucht die Vorderseite der Form, die «sugeta» (s. S. 20), in die Bütte und nimmt ein wenig von der Mischung auf. Dann hält er die Form schnell schräg, so daß die Mischung über das «su» fließt und am unteren Ende heruntertropft. Anschließend taucht er die Form erneut ein und verteilt die Masse durch Schütteln gleichmäßig über das «su». Während des Abtropfens wird überschüssiger Faserbrei durch Schütteln entfernt. Dieser Vorgang wird mehrere Male wiederholt, bis, Schicht um Schicht, schließlich die gewünschte Papierdicke erreicht ist.

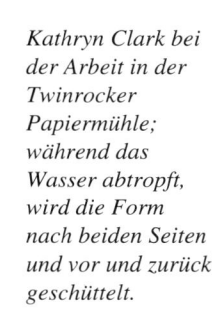

Kathryn Clark bei der Arbeit in der Twinrocker Papiermühle; während das Wasser abtropft, wird die Form nach beiden Seiten und vor und zurück geschüttelt.

Die Produktionsmenge ergibt sich aus dem Arbeitsrhythmus von Schöpfgeselle, der das Papier formt, und Gautscher, der die Bogen auf ein Filztuch überträgt.

Zum Abgautschen öffnet der Papiermacher den mit einem Scharnier befestigten Deckel und entfernt vorsichtig das abnehmbare «su». Nachdem er das Schöpfsieb mit dem Papiervlies herumgedreht hat, plaziert er das «su» flach auf der Unterlage. Dann hebt er den vorderen Rand des «su» an und zieht es in einer fließenden Bewegung behutsam herunter, so daß sich der frische Bogen nun auf der Gautschunterlage befindet. Er begibt sich wieder zur Schöpfbütte und formt den nächsten Bogen. Die Bogen werden ohne Filzzwischenlage direkt auf das jeweils darunterliegende Blatt gegautscht.

Manchmal wird etwa 6 mm oberhalb des vorderen Rands ein Faden zwischen die Bogen gelegt; er dient dem Papiermacher als Markierung und erleichtert nach dem Pressen des Pauschts das Trennen der Blätter (siehe S. 44-47). Pro Arbeitstag erzielt man mit der Nagashi-zuki-Methode einen Pauscht aus ungefähr 250 bis 500 Blättern.

Auswahl der Filze

Für die Papierherstellung nach der westlichen Methode sind Filze unentbehrlich. Sie dienen als Gautschunterlage und sorgen beim Pressen des Papiers für besseren Wasserabfluß. Die Struktur des Filzes wird auf den Bogen geprägt und kann unverwechselbare Muster auf dem fertigen Papier hinter-

TECHNIK

Papier schöpfen

1 Die Form zeigt mit dem Sieb nach oben; der Deckel wird daraufgesetzt.

2 Halten Sie Form und Deckel an den Schmalseiten senkrecht über die Bütte.

3 Tauchen Sie die Form auf der gegenüberliegenden Seite in die Schöpfbütte, und ziehen Sie sie hindurch.

lassen. Herkömmliche Filze für die Papierherstellung bestehen aus reiner Wolle und sind sehr saugfähig, allerdings sind sie ziemlich teuer. Geeignete Alternativen sind alte Wolldecken, Baumwollwindeln sowie Vliesstoffe oder synthetische Materialien wie Futtervliese. Für dicke Bogen benötigt man dickere Gautschunterlagen als für dünnes Papier.

Auf ausreichend feuchte – aber nicht tropfnasse – Unterlagen lassen sich die Bogen gut abgautschen. Löst sich das Papiervlies nicht vollständig, sind die Filze womöglich nicht feucht genug. Für weißes und für farbiges Papier legt man sich separate Filze zu. Sie sollten nach Gebrauch gründlich gewaschen und zum Trocknen aufgehängt werden, damit sie nicht schimmeln.

Gautschen der Papierbogen

Es erfordert einige Übung, die frischen Blätter auf einen feuchten Filz zu übertragen. Das Abgautschen der ersten Blätter auf eine flache Unterlage mag Ihnen zunächst schwierig erscheinen; es gelingt besser, wenn Pauscht und Filzzwischenlagen eine leichte Wölbung aufweisen. Sie können eine solche Wölbung schaffen, indem Sie mehrere Gautschtücher falten und in die Mitte unter den ersten Bogen legen. Vor dem Pressen müssen diese Tücher vorsichtig entfernt werden (s. S. 45-46).

4 Heben Sie die Form waagrecht aus der Bütte. Sobald Wasser herauszutropfen beginnt, bewegen Sie die Form vorsichtig nach beiden Seiten und vor und zurück. Wenn Sie zu heftig oder zu lange schütteln, nachdem das Wasser schon abgelaufen ist, gleitet der Papierstoff in Schüttelrichtung. Sie erhalten dann ungleichmäßig dickes Papier. Mit einem Rührgerät zubereiteter Faserbrei tropft rasch ab. Ein feines Schöpfsieb sorgt für langsamen Wasserabfluß, so daß Ihnen ausreichend Zeit zum Schütteln des Papierbreis bleibt.

5 Halten Sie die Form so lange über die Bütte, bis kein Wasser mehr abtropft.

6 Setzen Sie die Form auf den Rand der Bütte oder eine ebene Unterlage daneben; entfernen Sie vorsichtig den Deckel. Achten Sie darauf, daß kein Wasser auf das nasse Papier tropft.

7 Ist das Blatt ungleichmäßig geformt oder voller Wassertropfen («Schöpftränen»), drehen Sie die Form herum und berühren leicht die Oberfläche der Suspension («Abküssen»). Geben Sie den Faserbrei wieder in die Bütte, und rühren Sie die Fasern gut unter.

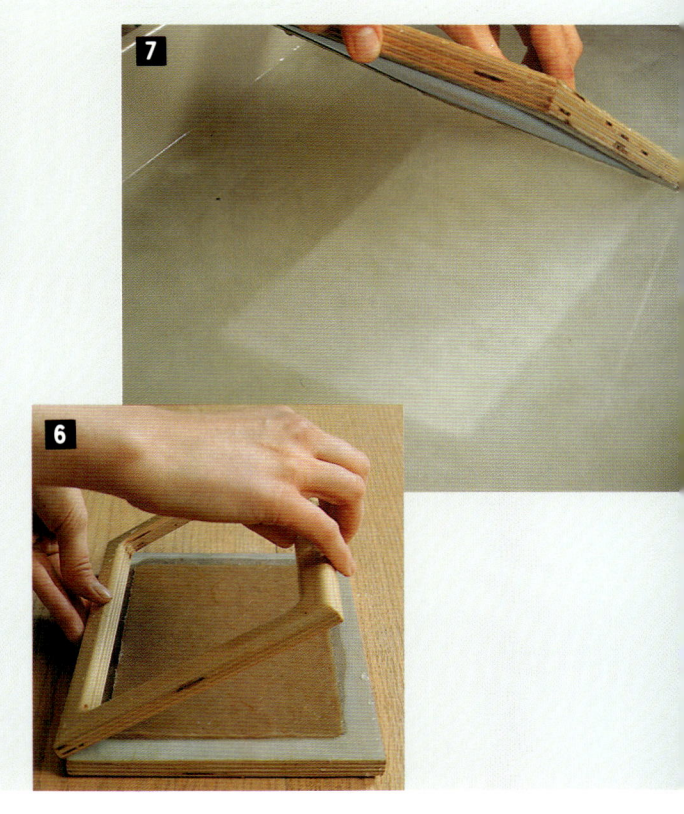

TECHNIK

Gautschen

1 Zum Gautschen benötigt man eine feste Unterlage. Ein an allen Seiten etwa 10 cm größeres Brett als die Form eignet sich gut; es kann nach dem Gautschen zum Pressen verwendet werden. Die Gautschtücher sollten an allen Seiten etwa 5 cm größer sein als die Form. Verwenden Sie dünne oder mitteldicke Gautschtücher, so empfiehlt es sich, unter das erste Blatt mehrere Tücher zu legen.

2 Setzen Sie die Form mit der Längsseite hochkant am Filz an; gautschen Sie den Bogen schnell und fest mit einer rollenden Bewegung auf den Filz. Ungleichmäßiger oder nachlassender Druck können dazu führen, daß sich zwischen Filz und Papierbogen Luftblasen bilden und Teile des Papiervlieses an der Form haften bleiben.

3 Legen Sie einen weiteren feuchten Filz auf das abgegautschte Blatt; achten Sie darauf, daß keine Falten im Papier entstehen. Dann schöpfen Sie den nächsten Bogen.

4 Nach dem Abtropfen und nach Entfernen des Deckels gautschen Sie das nächste Blatt auf den ersten Bogen. Darüber legen Sie wieder einen feuchten Filz. Denken Sie daran, daß auf jeden frisch gegautschten Papierbogen ein Filz kommt.

5 Wenn Sie mit dem Gautschen fertig sind, bedecken Sie den obersten Bogen mit einem zusätzlichen Filz. Legen Sie ein mit dem unteren identisches Brett darüber. Verwendet man dünne Gautschtücher, kommt auf das oberste Blatt ein dickes Tuch, bevor das Brett daraufgelegt wird.

43

Nach dem Pressen werden die feuchten Bogen vom «Leger» von den Filzen getrennt und auf einem schrägen Gestell übereinandergelegt.

Pressen und Legen

Das Pressen sorgt für die Verbindung der Fasern und leitet den Trocknungsprozeß ein.

Nach dem Abgautschen der Blätter auf Filze kommt der Pauscht (s. S. 46) in eine Presse, die vor dem Trocknen der Blätter durch starken Druck soviel Wasser wie möglich aus dem Papier herauspreßt. Außerdem trägt das dem Trocknen der Blätter vorausgehende Pressen zur besseren Verbindung der Fasern zu einem festen Papier bei. Bis zur Einführung leistungsfähiger Hydraulikpressen benutzte man zum Pressen Schraubenpressen aus Holz.

Nach dem Preßvorgang wird der Pauscht aus der Presse genommen, und der «Leger» löst die noch feuchten Papierbogen von den Filztüchern. Die Bogen werden sorgfältig in einem «Packen» auf einem schrägen Gestell gestapelt, die Filze werden zur Wiederverwendung dem Gautscher gegeben. Häufig werden die Bogen ein weiteres Mal und dabei länger gepreßt, allerdings bei weniger starkem Druck und mit trockenen Filzen. Danach werden sie abgenommen und ohne Filze wieder zu einem Packen gestapelt. Sie können im «Umschichtverfahren» (s. S. 49) mehrere Male gepreßt werden; dieses wiederholte Pressen sorgt für eine glattere Oberfläche, da der Abdruck der Filzstruktur im Papier reduziert wird.

Im Osten verwendete man zum Pressen früher einfache, mit Gewichten versehene Hebelpressen, oder man beschwerte das Preßbrett oben auf dem Pauscht mit Steinen. Das Herauspressen des Wassers aus einem frisch gegautschten Pauscht erfolgt nach der traditionellen japanischen Methode langsamer als bei vergleichbaren westlichen Verfahren. Nach dem Abgautschen der Papierbogen läßt man den Pauscht mit Gewichten beschwert über Nacht abtropfen. Anschließend wird er mehrere Stunden bei leichtem Druck gepreßt. Dann wird der Druck allmählich erhöht, so daß zwar überschüssiges Wasser herausgepreßt wird, die Blätter aber nicht miteinander verkleben.

Der Preß- und Legevorgang

Das Pressen eines nassen Bogen Papiers kann auf verschiedene Weise erfolgen. Nach dem Herausnehmen aus der Form kann man den Bogen zwischen säurefreie Löschblätter oder saugfähige Tücher legen und das Wasser von Hand herauspressen. Zum Pressen weniger gut geeignet sind Nudelholz oder Wäschemangel, weil sich das Papier verziehen kann, da Fasern und Wasser beide in eine Richtung gedrückt werden. Mit einem einfachen flachen Brett, das auf das Blatt oder den Pauscht gedrückt wird, preßt man das Wasser von der Mitte zu den Rändern hin heraus; die Fasern werden

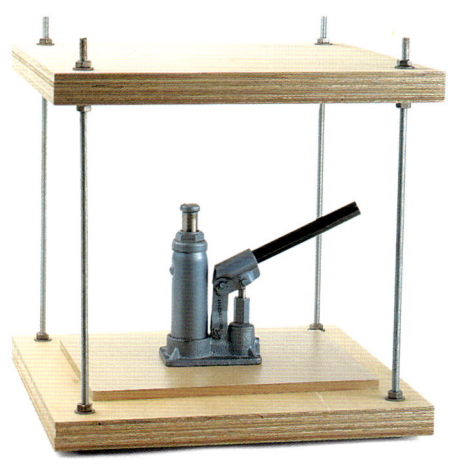

Man kann sich selbst eine Presse (oben) mit einem kleinen Hydraulikheber, Sperrholzbrettern, Metallstäben mit Schrauben und Muttern und einer Metallplatte oder einem Holzbrett bauen. Zur gleichmäßigen Verteilung des Drucks wird die Metallplatte oder das Brett zwischen Heber und Unterseite der oberen Platte geklemmt.

Mit Schraubenpressen aus massivem Holz (links) wurde soviel Wasser wie möglich aus einem Pauscht frisch gegautschter Papierbogen herausgepreßt.

Mit der Howard-Clark-Hydraulikpresse (oben) können bis zu 55 x 75 cm große Bogen bei einem Druck bis zu 20 Tonnen gepreßt werden; sie besteht aus verschweißten Aluminiumteilen.

nicht verschoben. Man kann den mit einem Brett bedeckten Pauscht auch mit gleichmäßig aufgeschichteten Ziegelsteinen oder einem mit Wasser oder Sand gefüllten Eimer beschweren. Indem Sie weitere Gewichte hinzufügen, erhöhen Sie den Druck und pressen so den größten Teil des Wassers heraus. Zum Auffangen des überschüssigen Wassers stellen Sie die Presse erhöht in eine Wanne.

Beginnen Sie mit einem kleinen Pauscht aus etwa 10-15 Bogen. Bei einem größeren Pauscht bilden die abgegautschten Bogen eine deutliche Wölbung. Ist der Pauscht sehr groß und die Wölbung stark ausgeprägt, können sich die Bogen beim Pressen verziehen.

Anfertigen einer Presse

Sie können eine Presse nach dem Prinzip einer einfachen Botanisierpresse leicht selbst anfertigen. Dazu benötigen Sie zwei 2 cm dicke Sperrholz- oder Holzplatten, die mindestens 5 cm größer sein müssen als der Pauscht aus Filzen und Papierbogen und mit einem Polyurethanlack gestrichen werden. Um den nötigen Druck zu erzielen, befestigen Sie die Seiten mit je zwei Schraubzwingen oder bohren in die Ecken Löcher für Flügelmuttern oder verzinkte Schrauben. Eine andere Möglichkeit besteht darin, daß Sie jeweils zwei Leisten aus Fichtenholz auf den Platten befestigen. Dazu benötigen Sie

Beim Pressen mit einem Nudelholz kann sich der nasse Bogen verziehen (unten).

Ein frisch geschöpfter Papierbogen besteht zu etwa 90 Prozent aus Wasser. Pressen verkürzt die Trocknungsdauer und verbessert die Qualität des Papiers. Es gibt verschiedene Preßmethoden. Zum Beispiel kann man das Papier zum Aufsaugen des Wassers zwischen säurefreies Löschpapier oder saugfähige Tücher legen und einen Schwamm darauf drücken (links).

Sie können auch den mit einem Brett bedeckten Pauscht mit Gewichten beschweren und nach und nach den Druck erhöhen (unten).

vier 5 x 2,5 cm große Fichtenholzleisten, die 10 cm länger sind als die Platten. Bohren Sie in die Mitte der Enden jeweils ein Loch für Schrauben mit Muttern und Unterlegscheiben.

Einen noch höheren Druck erzielt man mit einer herkömmlichen Buchbinderpresse. Sie können sich auch selbst eine mechanische Presse mit einem kleinen Hydraulikheber, wie man ihn zum Wechseln von Autoreifen benötigt, anfertigen. Beide Verfahren verkürzen den Preßvorgang sowie die Trocknungsdauer.

Der Gebrauch der Presse

Lassen Sie den Pauscht etwa eine halbe Stunde in der Presse; die unteren Bogen und die Papierränder sind dann meist noch feucht. Nehmen Sie den Pauscht aus der Presse, und legen Sie ihn auf eine trockene Arbeitsfläche. Entfernen Sie vorsichtig das oberste Filz- bzw. Gautschtuch. Heben Sie die feuchten gepreßten Bogen nacheinander entweder an den unteren Ecken der Längsseite oder an zwei gegenüberliegenden Ecken, die Sie zueinander hin führen, vorsichtig hoch. Falls das nicht auf Anhieb klappt, nehmen Sie den Filz mitsamt Bogen auf; achten Sie darauf, daß das darunterliegende Blatt liegenbleibt.

Zum Pressen eignet sich auch eine einfache Presse.

Nehmen Sie den Pauscht aus der Presse, und entfernen Sie die Blätter vorsichtig, indem Sie sie an zwei gegenüberliegenden Ecken hochheben (unten).

Befestigen Sie die Schrauben (oben). Nach ungefähr 10 Minuten erhöhen Sie den Druck und ziehen die Schrauben nach; das Papier wird etwa 20-30 Minuten gepreßt beziehungsweise so lange, bis die Filztücher das überschüssige Wasser absorbiert haben.

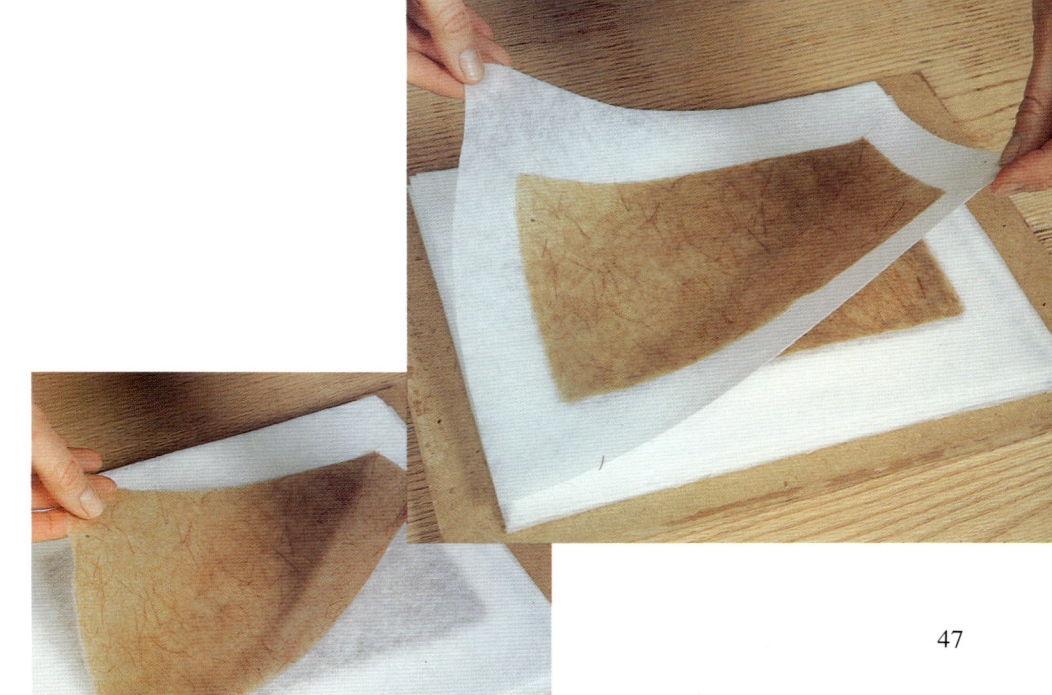

In China läßt man Bambuspapier nach dem Pressen auf dem Boden trocknen; in Papiermacher-Gegenden kann man häufig große Flächen mit trocknendem Papier sehen.

Trocknen des Papiers

In Japan bürstet man die Bogen nach dem Pressen auf ebene Holzbretter und läßt sie in der Sonne trocknen; zum Trocknen im Haus kommen sie auf erhitzte Metallplatten.

Früher wurden die noch feuchten Bogen nach dem Pressen auf einen Trockenboden gebracht und über Seile aus Roßhaar gehängt, die mit Bienenwachs bestrichen waren. Verstellbare Luken, die je nach Feuchtigkeit und Wetter gestellt wurden, sorgten für eine gute Luftzirkulation.

Das Trocknen sollte nach Möglichkeit langsam vonstatten gehen. Schrumpfen während des Trocknens die Fasern an den Rändern, kann sich das gesamte Papier verziehen oder Runzeln bilden. Dies läßt sich vermeiden, wenn man die Blätter nicht einzeln, sondern leicht gepreßt in kleinen Packen zum Trocknen aufhängt. Ist das Papier völlig trocken – das kann eine Woche und länger dauern –, lassen sich die Bogen leicht vom Packen nehmen; um jegliches Verziehen zu verhindern, können sie erneut gestapelt und leicht gepreßt werden. Früher wies ein Packen Papier auf der Unterseite oft eine Markierung auf; sie stammte von der Roßhaarleine, über die das Papier gehängt wurde.

Im 18. Jahrhundert wurden verschiedene Heizsysteme entwickelt, um den Vorgang des Trocknens auf dem Trockenboden zu beschleunigen. Moderne Papiermaschinen haben eine «Trockenpartie» aus Trockenzylindern und Walzen; hierin wird das Papier zugleich geglättet und getrocknet. Trotz des beschleunigten Trocknens erhält das Papier eine glatte Oberfläche.

Östliche Papiere werden auf verschiedene Weisen getrocknet. Die Chinesen lassen die Blätter im Freien auf dem Erdboden trocknen; in Nepal läßt man sie in der Form trocknen; in Indien werden nasse Bogen zum Trocknen manchmal auf Gipswände gebürstet. Japanische Papiermacher nehmen die feuchten Bogen nach dem Pressen vom Pauscht, bürsten sie auf abgelagerte Holzbretter und lassen sie an der Sonne trocknen – was in der Regel zu einer leichten Aufhellung des Papiers führt. Allerdings trocknet man die feuchten Bogen heute meist auf erhitzten Metallplatten.

Der Trocknungsvorgang

Die Trocknungsmethode beeinflußt die Oberflächenbeschaffenheit und Gebrauchsqualitäten des fertigen Papiers. Bogen, die gepreßt und dann auf Holzbrettern getrocknet werden, sind eben und glatt mit leicht unterschiedlicher Struktur auf beiden Seiten. Papierbogen, die in der Form trocknen und nicht gepreßt werden, haben ebenfalls zwei Seiten mit verschiedenartiger Struktur: Die gegen das Sieb trocknende Seite ist glatter als die Außenseite. Letztere Methode sowie die östlichen Trocknungsverfahren bezeichnet man als verlangsamtes Trocknen.

Verlangsamtes Trocknen

Haben Sie den Pauscht durch Abnehmen der Filze mitsamt Bogen aufgelöst, können Sie das Papier auf dem Filz trocknen lassen – dies ist die einfachste, aber zeitaufwendigste Form des verlangsamten Trocknens. Das Papier trocknet schneller, wenn Sie den Filz mit dem Bogen nach unten auf eine glatte, saubere Unterlage legen. Als Unterlage eignen sich alle Sorten glattes Glas oder eine Holzplatte, die lackiert wurde oder gut abgelagert sein muß, damit sie auf dem feuchten Papier keine Flecken hinterläßt. Rollen Sie mit einer kleinen Rolle oder einem Nudelholz behutsam, aber fest über die Rückseite des Filzes. Entfernen Sie den Filz vorsichtig von der Rückseite des Bogens; so bleibt das Blatt auf der Unterlage. Das Papier sollte, bis es

Ein Trockenboden mit Leinen, über die das Papier gehängt wurde. Nach dem Trocknen wurden die Bogen, leicht gepreßt, gestapelt und regelmäßig umgeschichtet.

völlig trocken ist, flach auf der Unterlage haften und sich nicht hochbiegen oder wellig werden.

Heben Sie eine Ecke an, und ziehen Sie den Papierbogen von der Unterlage ab. Löst sich das Papier an manchen Stellen, bevor es ganz trocken ist, sprühen Sie mit einem Zerstäuber etwas Wasser auf den Bogen. Dann drücken Sie das Blatt wieder auf die Unterlage. Die trockenen Bogen kann man zwischen Brettern lagern, die mit einem umwickelten Ziegelstein oder dicken Buch beschwert werden.

Trocknen im Umschichtverfahren

Nach dem Trennen von den Filzunterlagen legen Sie die gepreßten feuchten Bogen auf trockene Filze; achten Sie darauf, daß das Papier keine Falten bekommt. Dann wird das Papier über Nacht erneut gepreßt. Nach dem zweiten Preßvorgang werden die Bogen ohne die Filzunterlagen gestapelt. Legen Sie unter und oben auf den Stapel je einen Filz, und pressen Sie ihn bei leichtem Druck noch einmal zwischen Brettern. Nach jedem Trennen werden die Blätter umgeschichtet und neu gestapelt; diesen Vorgang wiederholen Sie so lange, bis die Bogen trocken und die Blattoberflächen glatt sind.

Statt dessen können Sie die noch feuchten Bogen nach dem zweiten Preßvorgang zwischen säurefreies Löschpapier legen; die Löschblätter sollten dieselbe Größe haben wie die Papierbogen. Pressen Sie den Pauscht bei leichtem, gleichmäßigem Druck, und wechseln Sie die Löschblätter regelmäßig gegen trockene aus, damit die Feuchtigkeit in den Bogen aufgesaugt wird. Sind die Blätter trocken, lagern Sie sie mit leichten Gewichten beschwert an einem kühlen, trockenen Ort.

Der Trockenschrank

Statt mit Löschblättern zu arbeiten, können Sie sich auch einen Trockenschrank aus Sperrholz bauen. Er funktioniert nach demselben Schichtprinzip wie eine herkömmliche Botanisierpresse. Der Schrank bleibt vorne offen und hat ein abnehmbares Oberteil. Legen Sie zwischen die feuchten Bogen Löschblätter sowie als «Abstandhalter» zusätzliche Zwischenlagen, zum Beispiel Wellpappe, Schaumstoff oder festes Drahtgeflecht. Die Lagen bestehen also aus Zwischenlage, Löschpapier, Papierbogen, Löschpapier, Papierbogen, Löschpapier, Papierbogen, Löschpapier, Zwischenlage usw. – je nach Feuchtigkeit des Papiers. Die Materialien für die Zwischenlage gibt es zu kaufen.

Legen Sie den Pauscht in den Trockenschrank; lassen Sie zwischen hinterer Wand und Papierstapel ein wenig Platz frei. Befestigen Sie innen an der Hinterwand einen kleinen Ventilator; er sorgt für ständige Luftzirkulation, so daß dem Pauscht Feuchtigkeit entzogen und die Trocknungszeit verkürzt wird. Mit einem Brett zum Pressen oder mit Schraubzwingen hält man den Pauscht flach.

Trocknen auf dem Trockenboden

Schnell getrocknete Papierbogen werden leicht wellig oder schrumpfen. Andererseits findet eine bessere Verbindung der Fasern während des Trocknens statt. Das Ergebnis ist festes Papier, das sich gut falten läßt. Sie können das Papier nach dem Pressen auf dem Dachboden trocknen lassen; dazu hängen Sie die Bogen über Kleiderbügel oder eine Wäscheleine aus Kunststoff.

Trocknungsdauer

Die Trocknungsdauer richtet sich unabhängig von der Trocknungsmethode nach dem Gewicht, der Dicke und der Größe der Papierbogen sowie nach Temperatur und Luftfeuchtigkeit. Papier sollte grundsätzlich langsam trocknen. Verwenden Sie statt einer künstlichen Heizquelle einen Ventilator, der für ständige Luftzirkulation sorgt.

Nach dem Abheben von Papierbogen und Filz vom Pauscht (links) werden sie vorsichtig – mit dem Papier nach unten – auf eine trockene Unterlage gelegt; dann rollen Sie über den Filz (unten).

Entfernen Sie den Filz von der Rückseite des Papiers, das auf der trockenen Unterlage haftet (oben). Wenn das Blatt völlig trocken ist, ziehen Sie es vom Brett (rechts).

Eine mechanische Vorrichtung, der Glättehammer, ersetzte bald frühere Methoden, nach denen man die Papieroberfläche von Hand glättete.

Leimen und Ausrüsten

«Grob gepreßt», «kaltgepreßt» und «heißgepreßt» sind Bezeichnungen für die traditionellen Methoden des Ausrüstens handgeschöpften Papiers.

Ungeleimtes Papier wird als «Löschpapier» bezeichnet. Es ist sehr saugfähig. Leim macht das Papier weniger durchlässig; die Leimart richtet sich nach dem späteren Gebrauch des Papiers. Leimen verringert das Ausbluten von Farben auf Wasser- oder Ölbasis, die auf die Papieroberfläche aufgetragen werden. Außerdem macht Leim das Papier glatter und schützt die Fasern vor Schmutz und Verunreinigungen.

Traditionell wird der Leim nach dem Pressen und Trocknen auf die fertigen Bogen aufgetragen. Dieses Verfahren nennt man Oberflächenleimung. Als Leim wird gewöhnlich Pflanzenstärke und aus tierischem Gewebe oder Knochen gewonnene Gelatine verwendet. Heute fügt man den Leim meist vor dem Schöpfen der Blätter hinzu; entweder erfolgt die Zugabe beim Stampfen, oder der Leim wird als Zutat in die Schöpfbütte gegeben. Dieses Verfahren heißt Masse- oder Stoffleimung. Zum Leimen in der Masse verwendete man früher hauptsächlich Alaun und Harz. Da beide einen hohen Säuregehalt aufweisen, erhält man weniger dauerhaftes Papier, deshalb verwendet man heute eher pH-neutrale Flüssigleime (PVA-Leim).

Mit dem Ausrüsten als letztem Arbeitsgang wird die Oberflächenstruktur des getrockneten Papiers beeinflußt, zum Beispiel die Glätte oder der Glanz verbessert.

In Europa wurden die handgeschöpften Papierbogen nach dem Trocknen auf dem Trockenboden von der Leine genommen und getrennt, wenn sie im Packen getrocknet worden waren; sie waren nun fertig zum Leimen. Gelatine ersetzte den aus Arabien übernommenen Stärkeleim. Man erhielt sie durch Abkochen von Hautresten oder Knochen. Vor Gebrauch wurde die Gelatine durchgesiebt und verdünnt und oft zusätzlich mit Alaun vermischt. Dann wurden Papierpacken aus jeweils etwa 50 Bogen in die in einem Leimgefäß erhitzte Gelatine getaucht. Die Packen wurden aufeinandergestapelt und gepreßt, damit der Leim den gesamten Pauscht durchdrang. Nach dem Pressen wurden die Packen getrennt und wie zuvor auf dem Trockenboden getrocknet. Nach diesem zweiten Trocknen wurden die einzelnen Bogen gestapelt und trocken gepreßt, dann wurden sie umgeschichtet, erneut gestapelt und gepreßt.

Das Leimen und Ausrüsten fertiger Papierbogen erfolgte im Westen bis zur Einführung des Glättehammers im 16. Jahrhundert von Hand; im 18. Jahrhundert wurden zum Glätten des Papiers mechanische Satinierwalzen entwickelt.

Ausrüstung

Handgeschöpftes Papier kann auf drei Arten ausgerüstet werden: «Grob gepreßtes» Papier hat eine rauhe Oberflächenstruktur und wird nur einmal zwischen Filzen gepreßt und ohne zusätzliches Glätten oder Pressen getrocknet. «Kaltgepreßtes» Papier erhält man, indem man die Bogen von den Filzen nimmt und sie ohne Filzzwischenlagen erneut preßt. «Heißgepreßtes» Papier hat eine glatte Oberfläche und wird mit erhitzten Metallscheiben oder -walzen gepreßt.

Das traditionelle Japanpapier wird meist nicht geleimt. Ist für eine bestimmte Drucktechnik eine widerstandsfähige Oberfläche erforderlich, wird das Papier nach dem Trocknen mit Knochen- oder Alaunleim bestrichen. Spezielle Papiere mit besonderem Oberflächenglanz werden mit Kamelienblättern berieben; dabei bleiben die Bogen auf der Trocknungsunterlage liegen.

Leim- und Ausrüstverfahren

Das Leimverfahren richtet sich nach dem Verwendungszweck des fertigen Papiers. So erfordern Papiere zum Bedrucken, Aquarellpapier und Papiere zum Beschreiben jeweils unterschiedliche Mengen an Leim. Eine hohe Leimzugabe ergibt ein hartes, weniger saugfähiges Papier. Schwach geleimtes Papier läßt Farben und Tinten stärker «ausbluten».

Masse- oder Oberflächenleimung

Zunächst entscheiden Sie, ob Sie Ihr Papier durch Zugabe von Leim in der Schöpfbütte oder nach dem Pressen und Trocknen durch Behandlung der Oberfläche leimen wollen. Ihnen stehen jeweils mehrere Verfahren zur Auswahl. Hochkonzentrierte PVA-Leime für die Masseleimung in der Schöpfbütte erhalten Sie im Fachhandel. Die Substanz muß lediglich mit Wasser verdünnt und dem Faserbrei in der letzten Phase des Stampfens oder Mixens hinzugefügt werden.

Moderne Papierhersteller haben die verschiedenen Leime – u. a. Gelatine, Haushaltsstärken und Pflanzenstärken, Methylzellulose, Acryl- und Silikonsprays – bei beiden Leimverfahren ausprobiert. Einige Substanzen wie Alaun- und Harzleim verfärben das Papier und werden besser vermieden. Reis- oder

Lösen Sie die angegebene Menge Gelatine in heißem Wasser auf.

Gießen Sie die Lösung in einen flachen Behälter.

Tauchen Sie die Bogen in die Leimlösung.

Weizenkleister und Gelatine machen das Papier bei Feuchtigkeit anfällig für Insekten- und Pilzbefall. Andere ergeben festes Papier, weil sie die Fasern miteinander «verkleben», verbessern aber die zum Beschreiben nötige Oberflächenfestigkeit nicht.

Die Oberflächenleimung erfolgt auf dem getrockneten «Löschpapier». Lassen Sie die Bogen vor dem Leimen möglichst mehrere Wochen liegen. Das erhöht die Festigkeit des Papiers, so daß es sich in der Leimlösung nicht so leicht auflöst. Das Papier wird mit dem Leim bestrichen oder besprüht, oder man taucht die Bogen in einen flachen Behälter.

Die Verwendung von Gelatine

Gelatine kann die Festigkeit und Geschmeidigkeit kurzfaserigen Papiers enorm verbessern. Verwenden Sie zum Leimen hochwertige Gelatine, die Sie im Fachhandel erhalten. Stellen Sie eine 2-3prozentige Lösung her, indem Sie 20-30 g Gelatine auf einen Liter heißes Wasser geben; rühren Sie die Lösung um, bis die Gelatine vollständig aufgelöst ist.

Gießen Sie die Lösung in einen flachen Kunststoff- oder Emailbehälter. Man kann die Bogen einzeln oder im Stoß eintauchen, je nachdem wie dick der Stapel und wie tief der Behälter ist. Die Wanne muß so groß sein, daß die Bogen vollständig eingetaucht werden können. Heben Sie die mit Leim getränkten Blätter mit einem Holzstab aus dem Behälter. Stapeln Sie sie auf einem Preßbrett, das mit einem Filz bedeckt ist. Oben auf den Stapel kommen ebenfalls ein Filz und ein Brett zum Pressen. Dann pressen Sie den Stapel leicht, damit der Leim die Bogen durchdringt. Stellen Sie die Presse in einen Behälter, um den überschüssigen Leim aufzufangen; diesen Leim können Sie erneut verwenden. Anschließend nehmen Sie die Blätter vorsichtig vom Stapel - die Filze müssen gründlich gewaschen und zum Trocknen aufgehängt werden. Schichten Sie die Bogen so um, daß die mittleren oben liegen. Jetzt wird der Stapel – außer durch sein eigenes Gewicht – nicht mehr gepreßt. Wiederholen Sie den Vorgang, und schichten Sie die Blätter so oft neu, bis sie ein wenig von der Feuchtigkeit verloren haben und leichter zu handhaben sind. Dann hängen Sie sie entweder einzeln auf oder legen sie zum Trocknen auf eine saubere, flache Unterlage. Wenn sie völlig trocken sind, stapeln Sie sie leicht gepreßt und lagern sie an einem kühlen Ort.

Wenn Sie verschiedenartige Papiere leimen, zum Beispiel unterschiedlich dicke Papiere, tauchen Sie die Bogen am besten einzeln in die Lösung. Wollen Sie mehrere Partien oder größere Stöße leimen, die einige Minuten im Leim getränkt werden müssen, um sich vollzusaugen, stellen Sie den Leimbehälter in etwa 50° C heißes Wasser, damit die Gelatine nicht abkühlt und sich nicht auf dem Boden absetzt. Um einen größeren Stapel leichter herausheben zu können, legen Sie ein Stück Plexiglas, das etwas größer sein sollte als die Bogen, auf den Boden des Gefäßes.

Heben Sie die Bogen mit einem Holzstab heraus.

Legen Sie sie vorsichtig auf ein Preßbrett mit Filzunterlage.

Nachdem sie leicht gepreßt wurden, nehmen Sie die Bogen ab.

KAPITEL

3

Papier gestalten

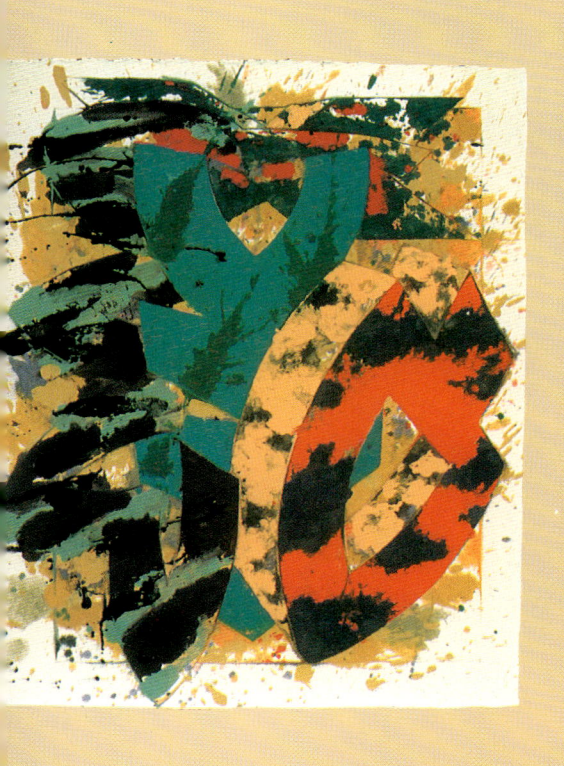

Hugh O'Donnel:
Waffen der
Begierde, Bedford-
Serie III.
Farbiger, gepreßter
Faserbrei (links).
Vito Capone:
Carta scolpita.
Mit spitzem
Werkzeug
«geprägtes» Papier
aus Baum-
wollumpen (rechts).

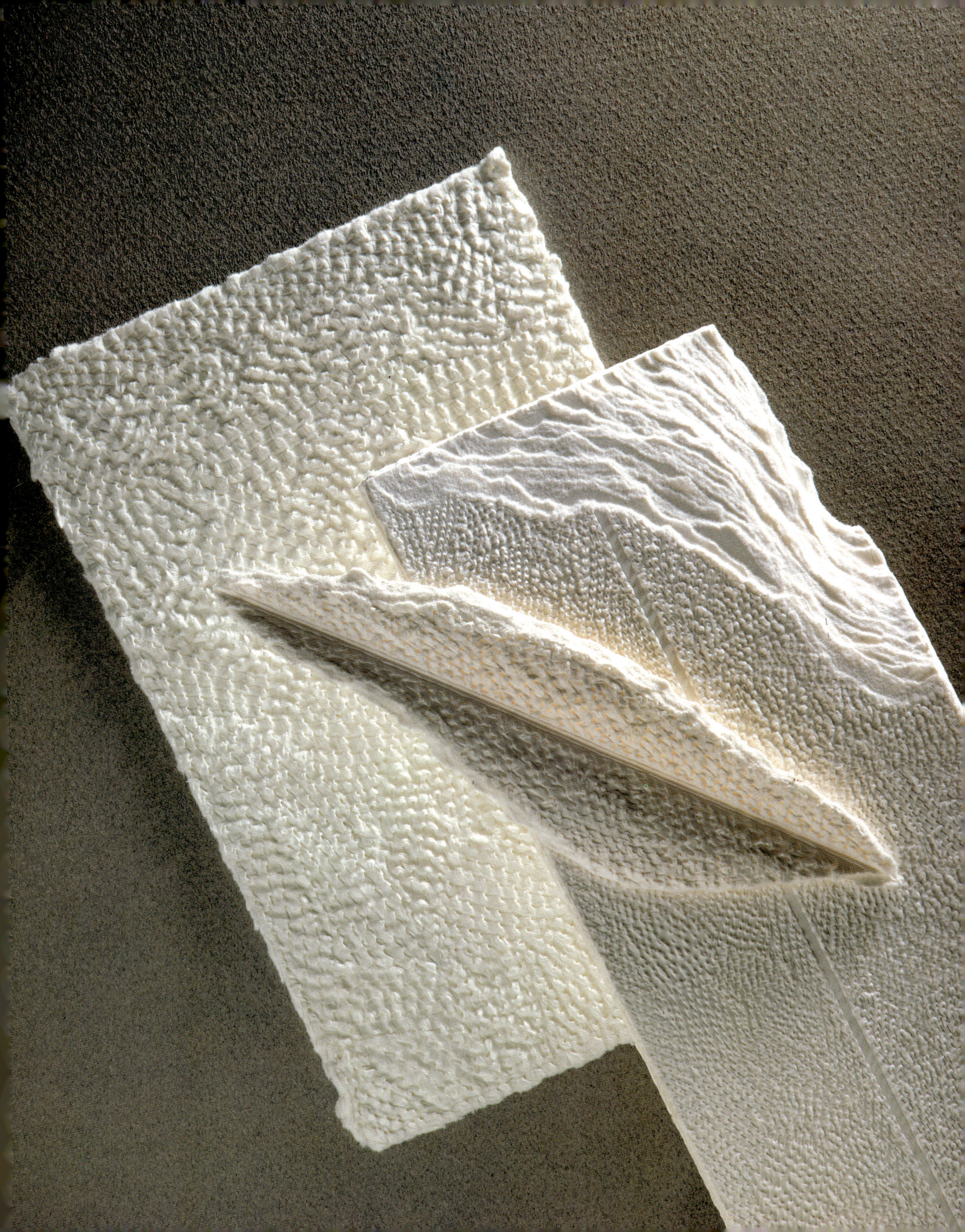

Kathryn Clark: Würfelkonstrukt im Raum. Von Hand gestampfter Faserbrei; zusammengegautscht mit Einschließungen; 61 x 97 cm.

Zusammengautschen

Peter Sowiski: Ubee, Saturation, Stealthy (Montage). Farbiger Faserbrei, in sich überlappenden Schichten in Formen aufgebaut; 152 x 233 cm (oben).

Bei der einfachen Technik des Zusammengautschens werden zwei oder mehr Bogen aufeinander gegautscht. Beim Pressen und Trocknen verbinden sich die Fasern der einzelnen Lagen miteinander und ergeben ein Blatt. Japanisches handgeschöpftes Papier wird durch Schöpfen mehrerer dünner Lagen in derselben Form hergestellt. Mit beiden Techniken lassen sich vielfältige, interessante Effekte erzielen.

Die Technik des Zusammengautschens kann auf unterschiedliche Weise eingesetzt werden. So ergeben beispielsweise zwei verschiedenfarbige Lagen ein Blatt mit zwei verschiedenfarbigen Seiten, und mehrere überlappende Deckschichten sorgen für einen weichen, verschwommenen Effekt, ähnlich dem verwaschener Wasserfarben. Aus unterschiedlichem Fasermaterial zusammengegautschtes Papier kann jedoch beim Trocknen Probleme verursachen, vor allem wenn man sehr lange und sehr kurze Fasern für den Papierbrei verwendet oder eine der Fasern stärker schrumpft als die andere. Damit solche Bogen nicht verziehen, trocknet man sie möglichst auf einer Holzunterlage.

Therese Weber: Frühlingsblätter. Handgeschöpftes Papier aus Baumwolle und Abacá mit Einschließungen; mit Pigmenten gefärbt; gepreßt und an der Luft getrocknet; 30 x 22 cm.

TECHNIK

Unterschiedliche Effekte

1 Zur Markierung versehen Sie die Gautschunterlage mit einer Schnur; die Schnurenden werden unter dem Brett befestigt. Dann schöpfen Sie einen Bogen und gautschen ihn auf ein feuchtes Filztuch auf dem Gautschbrett; dazu setzen Sie die untere Längsseite der Form hochkant an der Schnur an.

2 Stellen Sie einen zweiten Bogen her. Gautschen Sie ihn entlang der Schnur exakt auf den unteren Bogen. Durch Pressen ergibt sich ein dicker unifarbener Bogen.

3 Ohne eine Schnur als Markierung ist es schwer, die Bogen exakt zusammenzugautschen.

1 So erhalten Sie einen zweifarbigen Bogen: Gautschen Sie den unteren Bogen auf das Brett; schöpfen Sie einen zweiten Bogen aus andersfarbigem Faserbrei und gautschen Sie ihn auf den unteren Bogen.

2 Durch Abgautschen weiterer farbiger Lagen erhält der Bogen eine feine Tönung.

SIE BRAUCHEN
- Faserbrei: 2-3 Farben
- Form und Deckel
- Gautschtücher
- Bretter zum Pressen
- Bleistift oder Schnur zum Markieren

ARBEITSSCHRITTE
- Papierbogen schöpfen
- Gautschen
- Pressen

1 Mit dieser Technik variieren Sie die Anordnung der Bogen; der zweite und alle folgenden Bogen werden jeweils diagonal auf den darunterliegenden gegautscht; der fertige Bogen ist somit größer.

2 Sie können die Bogen auch in einem beliebigen Winkel aufeinandergautschen; Sie erhalten so Blätter, die nicht die klassische rechteckige Form haben.

1 Indem Sie den Deckel von der Form nehmen, können Sie durch Zusammengautschen mehrerer Schichten und durch variiertes Anordnen ein Bild gestalten. Halten Sie die Form leicht schräg, und tauchen Sie sie nur mit der unteren Längsseite in den Faserbrei.

2 Heben Sie die Form schräg wieder aus der Bütte. Gautschen Sie das Papiervlies auf den unteren Bogen; als Träger weiterer Lagen muß er ausreichend dick sein.

4 Schöpfen Sie weitere, sich überlappende Schichten.

3 Halten Sie die Form an den oberen Ecken, und tauchen Sie sie in gleich- oder andersfarbigen Faserbrei.

«Rakusui-Japanpapier» mit eingeschlossenen Federn (Ausschnitt).

Einschließen

Carol Farrow: Guß 1. Das feuchte Papier wurde auf einem Spaten getrocknet, nach dem Trocknen entfernt und mit Acrylfarbe gestrichen; 119 x 81 cm.

Bei diesem Verfahren werden Materialien wie Schnüre, Blätter, Zweige, Federn oder bedruckte Bilder zwischen Papierlagen eingeschlossen. Die eingeschlossenen Elemente werden nicht mit Klebstoff, sondern durch die beim Pressen und Trocknen entstehende Verbindung der Fasern an ihrem Platz gehalten.

Sie können die Materialien in das nasse Papier in der Form einschließen, oder aber Sie schöpfen zunächst den unteren Bogen, legen das Element, das Sie einschließen wollen, darauf und gautschen einen zweiten Bogen darauf ab. Um die Einschließung teilweise sichtbar zu machen, entfernt man Teile des oberen Bogens; man kann das eingeschlossene Material auch über den Rand hinausragen lassen oder bei nicht durchscheinendem Papier zwischen den Schichten verbergen.

Umgekehrt können Sie transparentes Papier oder eine sehr dünne Papierschicht aus andersfarbigem Faserbrei über die Einschließungen gautschen, so daß die Elemente deutlich zu sehen sind. Oder man läßt ein wenig Faserbrei auf die Einschließungen tröpfeln und stellt durch Pressen die Verbindung der Fasern mit dem unteren Bogen her. Papier mit Einschließungen sollte nach dem Pressen auf einem Holzbrett getrocknet werden. Auf diese Weise verhindert man, daß das Papier um die Einschließungen herum Runzeln bildet und sich das gesamte Blatt verzieht.

Säurehaltiges Papier mit Einschließungen ist nicht sehr langlebig und sollte zum Neutralisieren mit entsprechenden Lösungen behandelt werden, die es fertig im Fachhandel zu kaufen gibt. Außerdem empfiehlt es sich, die Farbechtheit von Papier mit Einschließungen vor dem Gebrauch zu prüfen; bei gefärbtem Seidenpapier beispielsweise läuft leicht die Farbe aus.

TECHNIK

Fotos

1 Zerschneiden Sie die Farbkopie eines Fotos - hier ist eine Kardone zu sehen. Nehmen Sie säurefreies, ungebleichtes Kopierpapier.

2 Ordnen Sie die Abschnitte auf dem unteren Bogen an, der aus Kardonefasern hergestellt ist.

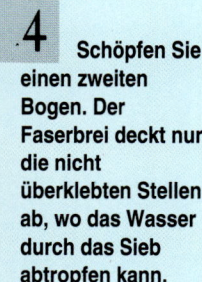

3 Kleben Sie Kreppband über die Form, damit die Fotoabschnitte auf dem unteren Bogen nicht verrutschen.

4 Schöpfen Sie einen zweiten Bogen. Der Faserbrei deckt nur die nicht überklebten Stellen ab, wo das Wasser durch das Sieb abtropfen kann.

5 Gautschen Sie dieses «gestreifte» Kardone-Papiervlies auf die Fotoabschnitte.

6 Beim Pressen verbinden sich der untere und der obere Bogen an den nicht überklebten Stellen miteinander, so daß die Fotoabschnitte integriert werden.

SIE BRAUCHEN
- *Faserbrei*
- *Form und Deckel*
- *Gautschtücher*
- *Bretter zum Pressen*
- *Dünne Materialien zum Einschließen*
- *Kreppband*

ARBEITSSCHRITTE
- *Papierbogen schöpfen*
- *Gautschen*
- *Zusammengautschen*
- *Pressen*

TECHNIK

Bedruckte Vorlagen

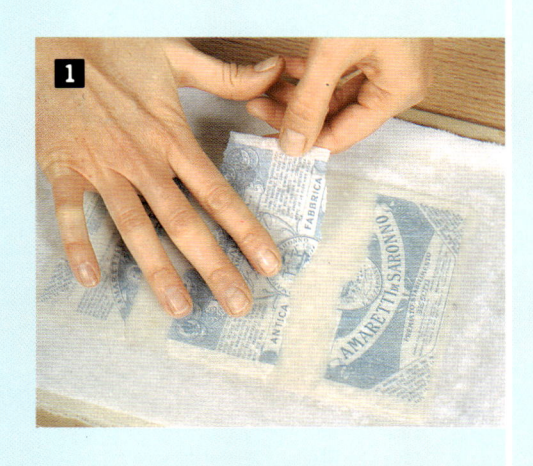

1 Legen Sie in einzelne Teile zerrissenes Papier, zum Beispiel ein bedrucktes Etikett, auf den unteren Bogen.

2 Gautschen Sie einen dünneren Bogen darauf ab.

3 Das eingeschlossene Bild wird ein fester Bestandteil des zusammengegautschten Bogens.

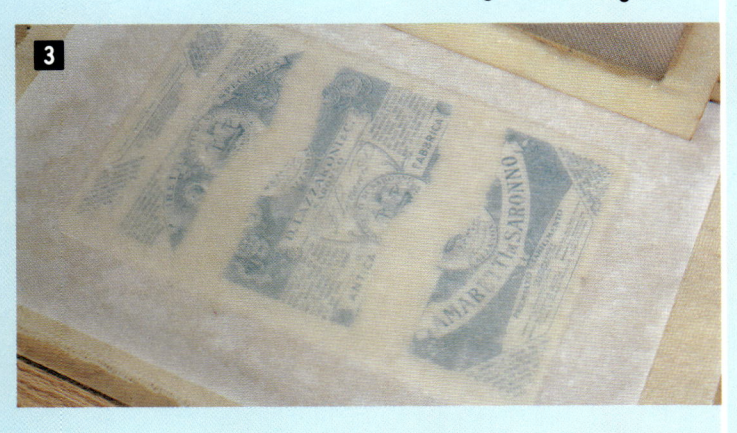

TECHNIK

Farbige Streifen

1 Gautschen Sie Streifen aus kontrastierendem Papierbrei auf den unteren Bogen; befestigen Sie längs darüber Schnüre.

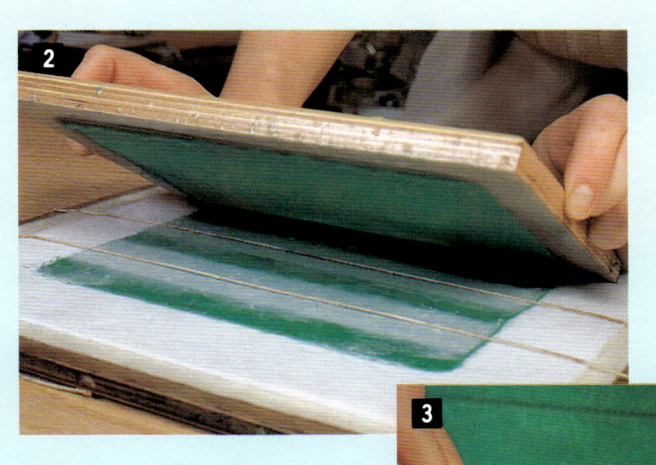

2 Gautschen Sie einen Bogen gleicher oder anderer Farbe auf die Schnüre; pressen Sie das Ganze.

3 Nehmen Sie zwei Metallineale zu Hilfe, und entfernen Sie die Schnüre vom feuchten Papier; jetzt sind die dünnen Streifen sichtbar.

Die vielen verschiedenen ungefärbten und farbigen Sorten Japanpapier – zum Beispiel mit langen, gebogenen Fasern und Rindenstückchen oder kunstvollen Mustern und weichen Farbtönen – dienen für dekorative sowie künstlerische Zwecke.

Blüten und Blätter

Überall finden sich Blüten und Blätter oder Samen von Bäumen, Farnen und Gräsern, die man als Elemente zum Einschließen verwenden kann. Solche Materialien sind in großer Fülle vorhanden und obendrein kostenlos; man findet sie in frischgemähtem Gras, in Hecken oder zwischen den Abfällen von Blumenläden und Baumschulen. Sammeln Sie nur soviel Material, wie Sie tatsächlich benötigen: Bereits wenige Elemente verleihen Ihrem Recycling- oder anderem Papier einen ganz eigenen Charakter.

Getrocknete Blumen

Getrocknete Blumen ergeben hübsche Einschließungen, vor allem Blumen mit kleinen Blütenblättern, die sich in der Schöpfbütte gut verteilen lassen. Sammeln Sie die Blumen, wenn sie in voller Blüte stehen, und binden Sie sie zu kleinen Sträußen. Sind die Blumen feucht, so lassen Sie sie zunächst an der Luft trocknen und legen sie dann an einen warmen, trockenen dunklen Ort.

Zum Trocknen von Blumen sind Wärme und Dunkelheit nötig. Sie können die Blumen an einem warmen Ort in einen Schrank mit den Köpfen nach unten zum Trocknen auf einen Bügel hängen. Einige Pflanzen lassen sich gut in der Mikrowelle trocknen.

Sie können auch Trockenblumen kaufen; sie sind aber teils mit Glycerin und Alaun behandelt und können Ihr Papier verfärben. Glycerin und Alaun lassen sich reduzieren, indem man die Blumen 10-15 Minuten kocht und sie anschließend mehrere Stunden in Wasser legt. Wechseln Sie das Wasser regelmäßig, und spülen Sie die Blumen jedesmal. Vor Gebrauch spülen Sie die Blumen noch einmal gründlich.

Gepreßte Blumen

Blumen und Blätter zum Pressen sammelt man möglichst bei trockenem Wetter am Nachmittag, wenn Tau- oder Regentröpfchen verdunstet sind.

Kornblumen und Anemonen lassen sich gut in der Mikrowelle trocknen. Prüfen Sie sie nach drei Minuten; fühlen sie sich noch feucht an, gibt man sie erneut kurz in die Mikrowelle. Vor dem Herausnehmen lassen Sie sie ein paar Minuten abkühlen.

PROJEKT

Frische Blüten und Blätter

1 Zerteilen Sie größere Blätter, und geben Sie sie in einen Topf mit sauberem Wasser. Nach dem Aufkochen lassen Sie sie 10 Minuten weiterköcheln. Gießen Sie sie durch ein Sieb, und spülen Sie die Pflanzenteile gründlich. Zwischen zwei sauberen Löschblättern werden sie eine halbe Stunde gepreßt. Bekommt das Löschpapier Flecken, werden die Blätter eine weitere halbe Stunde in Wasser gelegt und dann erneut gespült.

2 Das linke Blatt hat nach dem Kochen seine ursprüngliche Farbe weitgehend verloren; es kann jetzt in die Schöpfbütte gegeben werden.

SIE BRAUCHEN

- *Frische oder getrocknete Blumen oder Blätter*
- *Botanisierpresse*
- *Topf*
- *Löschpapier*
- *Mikrowelle (sofern vorhanden)*
- *Faserbrei*
- *Form und Deckel*
- *Gautschtücher*
- *Bretter zum Pressen*

ARBEITSSCHRITTE

- *Papierbogen schöpfen*
- *Gautschen*
- *Pressen*

3 Eingeweichte Blüten und Blätter saugen sich mit Wasser voll und sinken in der Bütte leicht auf den Boden. Man kann auch ungewässerte Blüten und Blätter in die Bütte streuen; sie sind deutlicher auf der Oberfläche des fertigen Papiers zu sehen. Beim Schöpfen werden sie mit der Form aufgenommen und beim Gautschen und Pressen in das feuchte Papier eingeschlossen.

4 Bei Papier aus kurzen oder mittellangen Fasern sind die Einschließungen deutlicher zu sehen als bei Papier aus langen Fasern, weil diese kleinere Pflanzenteile verdecken. Für den untersten Bogen ideal ist eine Mischung aus gleichen Anteilen Abacá und Linters. Sollen Blüten und Blätter deutlich zu sehen sein, bereiten Sie den Faserbrei aus Bastfasern zu.

Verwenden Sie nur unbeschädigtes, frisches Pflanzenmaterial, und pressen Sie es gleich nach dem Sammeln. Das klappt am besten mit einer Botanisierpresse, aber auch ein schweres Buch oder ein Stapel Zeitschriften eignen sich dazu. Das Pressen verändert vor allem die Form der Blüten und Blätter. Dadurch wiederum werden oft ungeahnte Effekte erzielt: Die feinen Formen und Farben der Pflanzen werden deutlicher sichtbar; außerdem wird die Farbe häufig kräftiger und dunkler, manche Blumen verändern ihre Farbe auch gänzlich.

Frische Blumen und Blätter

Die meisten Blumen und Blätter setzen Farbpigmente frei, wenn sie in Wasser gelegt werden. Dieser Prozeß vollzieht sich unterschiedlich schnell. Frische Blätter sollten 10 Minuten bei schwacher Hitze gekocht werden, um unechte Pigmente und Fremdbestandteile zu zerstören, die in das Papier sickern und es fleckig machen können. Frische Blumen sind meist zu empfindlich, um sie zu kochen, und werden besser gepreßt oder getrocknet.

Das Vorbereiten von Blütenblättern in der Papiermühle Richard de Bas. Kleine Blütenblätter, Farne und heimische Gräser werden in den Faserbrei gegeben.

Das Schmuckpapier dient zum Drucken von Gedichten, für Vorsatzblätter von Büchern und zur Anfertigung von Lampenschirmen.

5 Gautschen Sie die Papierbogen auf dünne Gazeunterlagen; die Bogen werden leicht gepreßt und auf der Wäscheleine luftgetrocknet.

6 Die Kombination verschiedener Blätter ergibt einen hübschen Effekt. Hier sind ein Zypressenreis und herbstlich gefärbte kleine Rosenblätter zu sehen.

7 Ungewässerte Blüten setzen sich dicht und kompakt auf der Papieroberfläche ab. Ringelblumen haben viele kleine Blütenblätter; man zupft sie ab und streut sie in die Bütte.

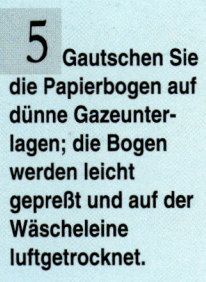

Spezialpapiere (von oben nach unten): Reines Baumwollpapier mit Schwarzfärbung des weißen Faserbreis; Japanpapier mit Blattgoldsprenkeln; Schmuckpapier mit Einschließungen; drei Bogen mit farbigen Fasern.

Schmuckpapiere

Dekorative und mit gedruckten Mustern versehene Papiere kennen wir vor allem aus der Buchgestaltung und Buchbinderei. Sie können auch als Tapeten oder zum Auskleiden von Schachteln, Schubladen und Schränken dienen. In Europa kamen phantasievolle Muster um 1800 in Mode, als man eine Vorliebe für Ziergegenstände aus Papier und Karton entwickelte.

Zu den westlichen Schmuckpapieren zählen u. a. mit Holzschnitten bedrucktes oder mit Schablonen bemaltes Papier, vergoldetes Papier, marmoriertes Papier und Pappen. Alle werden einer speziellen Oberflächenbehandlung unterzogen – die Verzierung wird nach der Herstellung auf den Bogen appliziert. Japanische Schmuckpapiere wie das *shibori-zome gami* (flachgefärbt) und *orizome gami* (nach dem Falten gefärbt) werden nach Verfahren, die den westlichen entsprechen, andere durch Zugabe von Material zum Faserbrei hergestellt. So erhält man das *unryu-shi* («geflammtes Drachenpapier»), indem man lange gebogene Fasern in den Faserbrei gibt.

Solche gemusterten Papiere (oben) gibt es in Japan in vielen Variationen. Papier aus Nepal und Bhutan (rechts) wird in der schwimmenden Form hergestellt.

PROJEKT

Seidenfäden

1 Schneiden Sie verschiedenfarbige Seide in kleine Stücke; ziehen Sie von Hand einige Fäden heraus, oder bereiten Sie das Material im Mixer auf.

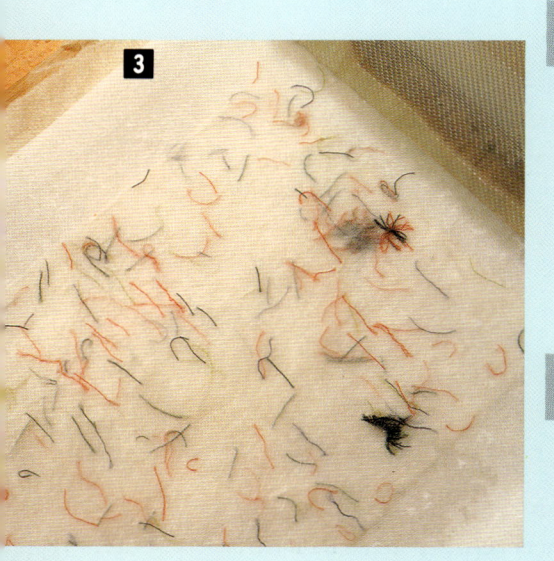

2 Geben Sie kleine Stückchen und Fäden in eine Bütte mit Faserbrei aus Baumwollumpen; das Seidenmaterial verteilt sich übers ganze Papier und bildet eher zufällige Muster.

3 Einige Fäden und Stückchen sind in das Papier eingeschlossen, andere befinden sich an der Oberfläche.

PROJEKT

Gesprenkeltes Papier

1 Schneiden Sie zwei oder mehr verschiedene Papiere in kleine Stücke; legen Sie sie mehrere Stunden in Wasser.

2 Bereiten Sie die Papiere getrennt im Mixer auf; lassen Sie das Gerät jeweils 10 Sekunden laufen; es sind noch ganze Stücke zu erkennen. Dann lassen Sie das Rührgerät noch einmal etwas länger laufen.

3 Rühren Sie die Papierstückchen in einen ungefärbten Faserbrei, und schöpfen Sie einen Bogen. Wie am frisch gegautschten Papier zu sehen ist, bilden die unterschiedlich großen Papierstückchen ein hübsches Sprenkelmuster.

PROJEKT

Tropfenmuster

1 Lassen Sie den frisch geformten Bogen einige Minuten abtropfen; dann stellen Sie die Form aufrecht.

Papier mit Tropfenmuster erhält man, indem man einen frisch geformten Bogen in der Form leicht mit Wasser besprüht. Wenn Sie vor dem Sprühen eine Schablone auf das Sieb legen, wäscht das Wasser nur die ungeschützten Flächen aus, so daß Sie ein «Lochmuster» erhalten.

2 Besprühen Sie den Bogen mit einem Zerstäuber, den Sie mit frischem Wasser gefüllt haben. Das Wasser «verlagert» den Faserbrei, und es bilden sich Löcher im Papiervlies. An der Spritzdüse können Sie den Wasserstrahl nach Belieben variieren.

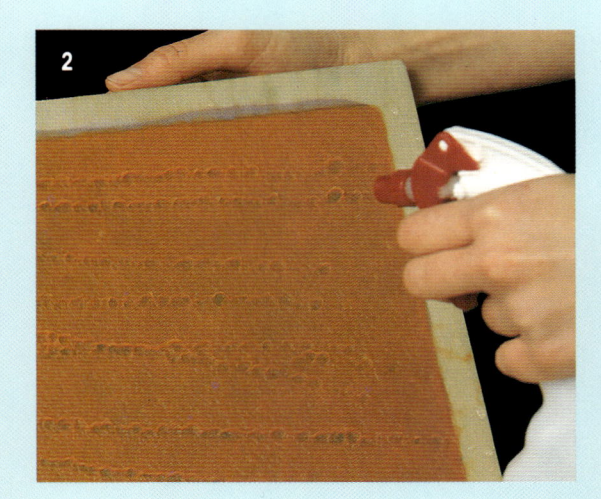

3 Gautschen Sie das besprühte Papier auf einen andersfarbigen Bogen.

SIE BRAUCHEN

- Faserbrei
- Form und Deckel
- Gautschtücher
- Bretter zum Pressen
- Bunte Seide (für Papier mit Seidenfäden), farbige Papiere zum Wiederaufbereiten (für gesprenkeltes Papier), Zerstäuber (für Papier mit Tropfenmuster)

ARBEITSSCHRITTE

- Papierbogen schöpfen
- Gautschen
- Pressen

Kombinieren Sie einfache Gestaltungstechniken, mit ein wenig Übung werden Sie die unterschiedlichsten Schmuckpapiere herstellen können.

Effekte mit der schwimmenden Form

Die nepalesische Handpapiermacherei basiert auf der traditionellen chinesischen Methode: Der Faserbrei wird in eine Form gegossen, die auf dem Wasser schwimmt. Für dieses Verfahren, bei dem die Form nicht in den Faserbrei getaucht wird, benötigt man keinen Deckel. Das Stoff- oder Drahtsieb befindet sich unter dem Rahmen, der zugleich den Deckel bildet. Der Papierbrei wird in die vertiefte Form gegossen, man läßt ihn im Freien auf dem Sieb trocknen. Ist der Bogen trocken, wird er abgezogen, und die Form kann wieder verwendet werden. Um größere Mengen Papier herzustellen, werden viele Formen benötigt.

Papier, das mit der schwimmenden Form hergestellt wird, weist eine deutliche, wellenförmige Faseranordnung auf; dieses Verfahren eignet sich gut, um mit verschiedenen Farben Papiere mit speziellen Effekten herzustellen. Sie können eine gewöhnliche Form verwenden, die Sie einfach umdrehen, oder Sie fertigen hierfür eine Form mit einem etwas tieferen Rahmen an.

PROJEKT

Eingießverfahren

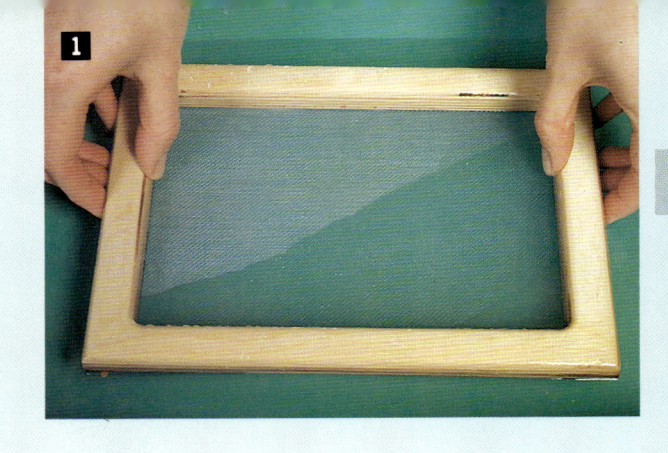

1 Füllen Sie die Bütte zur Hälfte mit Wasser. Legen Sie die Form mit dem Sieb nach unten hinein, so daß Wasser in die Form fließt.

2 Halten Sie das Sieb unter Wasser, und gießen Sie vorbereiteten Faserbrei darauf. Rühren Sie die Suspension um, damit die Fasern gleichmäßig verteilt sind.

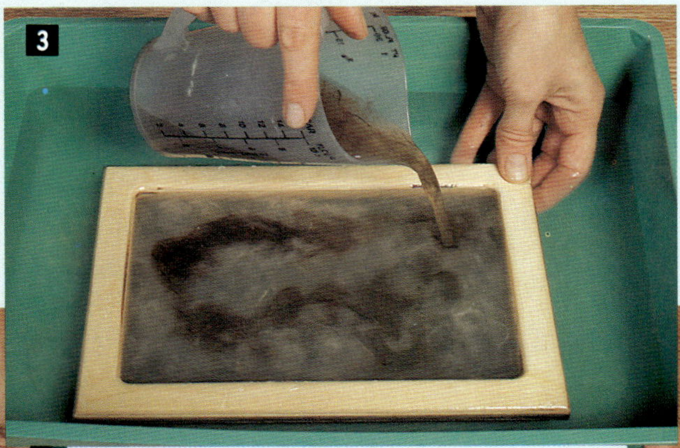

4 Heben Sie die Form mit beiden Händen waagrecht aus dem Wasser; setzen Sie sie auf den Rand der Bütte, und lassen Sie sie 5 Minuten abtropfen.

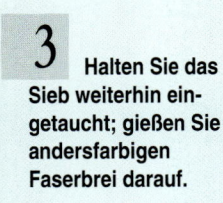

3 Halten Sie das Sieb weiterhin eingetaucht; gießen Sie andersfarbigen Faserbrei darauf. Rühren Sie die Suspension um, und klopfen Sie sie mit der Handoberfläche schön gleichmäßig.

5 Sie können die Form auf eine saugfähige Unterlage legen und mit einem Gautschtuch Feuchtigkeit aufnehmen.

7 Ist der Bogen trocken, streichen Sie leicht über die Rückseite des Siebs, um das Papier zu lösen. Das geht leichter mit einem kleinen Spachtel. Dann nehmen Sie das Papier vorsichtig aus der Form.

6 Stellen Sie die Form aufrecht hin, und lassen Sie das Papier trocknen.

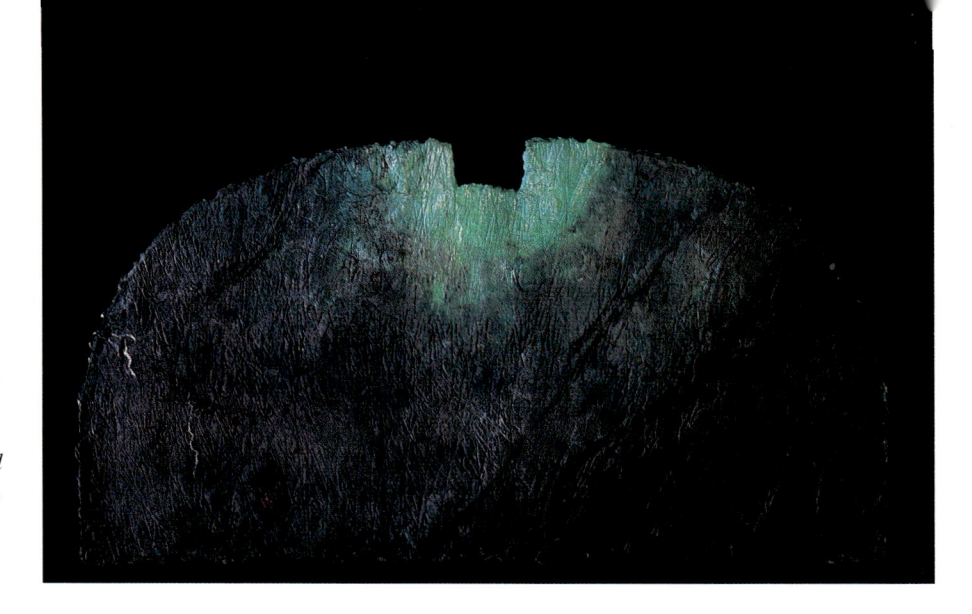

Soledad Vidal Massaguer: Der langsame Weg zum Licht. Handgeschöpftes Papier aus Baumwolle und spanischem Flachs, mit Naturfarben gefärbt; 70 x 40 cm.

Neue Papierformen

Form und Größe eines Papierbogens werden durch den auf die Form passenden Deckel bestimmt. Es gibt verschiedene Möglichkeiten, das herkömmliche rechteckige Format des Papierbogens zu verändern. So ergibt zum Beispiel ein Stickrahmen mit einem Siebgeflecht eine einfache runde Form. Man kann auch eine rechteckige Form mit einem andersförmigen Deckel versehen. Einfache Formen lassen sich mit einer Laubsäge aus Sperrholz aussägen, kunstvollere Deckel aus dickem Karton. Ein Deckel, der die Form eines Briefumschlags hat, ist ideal zur Herstellung von Briefpapier. Auch Plätzchenformen können als kleine Deckel dienen, eine herzförmige Kuchenform eignet sich gut für Glückwunschkarten aller Art.

Suminagashi (japanische Marmorierung) auf handgeschöpftem Papier (oben).

Joan Hall: Foruja. Verschiedene Elemente auf handgeschöpftem Papier; 2 x 2,7 m (rechts).

PROJEKT

Phantasievolle Formen

1 Schneiden Sie ein Stück dicken Karton aus, das auf den Schöpfrahmen paßt. Skizzieren Sie die Form darauf.

2 Schneiden Sie die Form sorgfältig aus.

3 Zum Versiegeln bekleben Sie den Karton mit selbstklebender Folie. Versehen Sie die Ränder mit Klebeband; dann tauchen Sie die Form in den Faserbrei. Falls Sie einen Deckel aus Holz verwenden, lackieren Sie ihn.

4 Verfahren Sie mit dem Deckel genauso wie mit einem rechteckigen Deckel. Die Form, die Sie erhalten, entspricht dem negativen Stern des Deckels.

5 Gautschen Sie den Stern auf einen anderen Bogen ab.

SIE BRAUCHEN

- Faserbrei
- Form
- Gautschtücher
- Bretter zum Pressen
- Dicken Karton
- Selbstklebende Folie/Klebeband
- Lack
- Bleistift
- Schneidebrett
- Skalpell oder scharfes Messer
- Plätzchenformen

ARBEITSSCHRITTE

- Papierbogen schöpfen
- Gautschen
- Zusammengautschen
- Pressen

1 Umgekehrt können Sie auch eine Plätzchenform in einen Deckel verwandeln, indem Sie sie auf die Form legen und langsam mit Faserbrei füllen. Halten Sie die Form über ein leeres Gefäß, um das überschüssige Wasser aufzufangen.

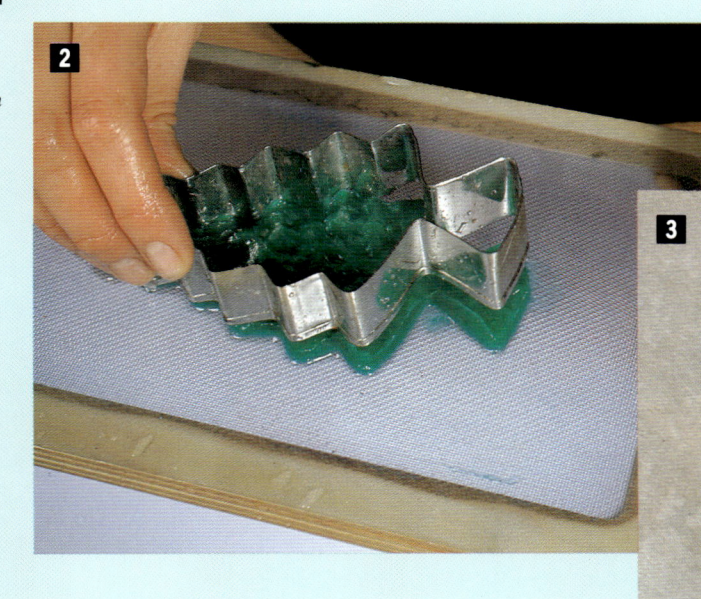

2 Ist das Wasser abgetropft, entfernen Sie die Plätzchenform vorsichtig.

3 Die Form wird einzeln abgegautscht.

4 Sie können verschiedene Formen und Farben variieren.

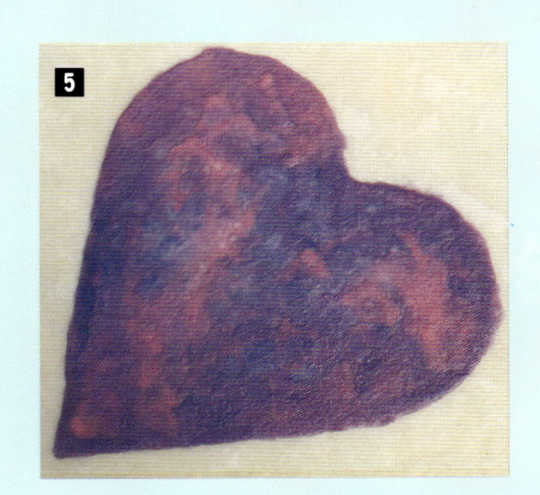

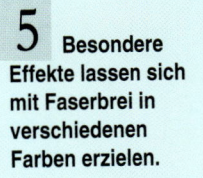

5 Besondere Effekte lassen sich mit Faserbrei in verschiedenen Farben erzielen.

*Géza Mészáros:
Kognitive und affektive Informationen. Handgeschöpftes Papier, in noch feuchtem Zustand modelliert und bemalt;
220 x 370 x 35 cm.*

Prägen

Julie Norris: Die letzte Auster. Recycling-Gampipapier, mit Pastellfarben bemalt; 43 x 46 cm (oben).

Margaret Ahrens Sahlstrand: Farn und Pracht-Brombeere (Ausschnitt). Handgeschöpftes, geprägtes Papier; Gesamtgröße 76 x 102 cm (rechts).

Durch das Prägen wird ein Papierbogen mit erhabenen oder vertieften Mustern versehen. Die Papieroberfläche wird verändert, indem mittels Prägeelementen Druck darauf ausgeübt wird. Je schwerer oder dicker das Papier ist, um so stärker kann man es prägen. Unterschiedlich starkes Prägen kann ein aufregendes Wechselspiel von Licht und Schatten schaffen.

Das Prägen geschieht entweder mittels Prägeformen oder indem der Bogen auf eine strukturierte Unterlage gedrückt wird. Papier hat sozusagen ein «Gedächtnis»: Es «behält» die Struktur der Unterlage, mit der es in Berührung kommt, seien es die Form, in der es entstanden ist, die Filze, zwischen denen es gepreßt wurde, oder das Brett, auf dem es getrocknet wurde. Auch texturierte Stoffe wie Spitze, Tüll und Stickereien hinterlassen ein deutliches Prägemuster auf einem nassen, frisch gegautschten Papierbogen. Druckstempel für den Textildruck eignen sich ebenfalls gut zum Prägen. Sie können auch selbst eine Linolvorlage zum Prägen anfertigen. Auf einem Blatt, das in der Form getrocknet wurde, bleibt ein schöneres Prägemuster zurück als auf einem vor dem Trocknen gepreßten Bogen.

TECHNIK

Prägeelemente

1 Legen Sie den ausgeschnittenen sternförmigen Karton auf einen frisch gegautschten Bogen. Bedecken Sie das Papier mit einem Gautschtuch; wenn Sie einen dicken Filz nehmen, erzielen Sie einen weicheren Effekt und ein tiefes Prägemuster.

SIE BRAUCHEN
- Faserbrei
- Form und Deckel
- Gautschtücher
- Bretter zum Pressen
- Schere
- Prägeelemente (Schnur, strukturierte Gewebe, Linolplatte, Karton)

ARBEITSSCHRITTE
- Papierbogen schöpfen
- Gautschen
- Pressen

2 Zum Prägen pressen Sie jeden Bogen einzeln, um nicht andere Bogen mitzuprägen. Entfernen Sie vorsichtig den Stern; das Prägemuster ist deutlich im Papier zu sehen.

1 Schneiden Sie ein Stück Schnur ab; legen Sie es auf ein frisch gegautschtes Papier. Fest aufgerollte Schnur legt sich meist von allein zu einer Schlaufe.

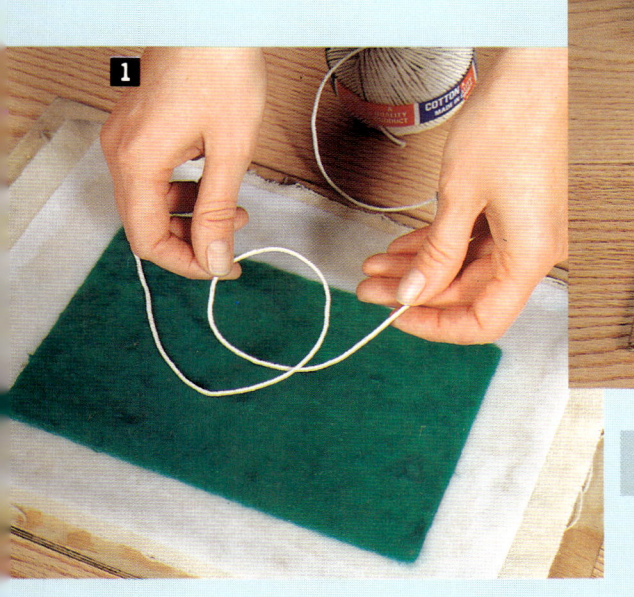

2 Bedecken Sie Papier und Schnur mit einem Gautschtuch; legen Sie ein strukturiertes Tuch darauf, und pressen Sie das Ganze.

3 Schnur und Gewebestruktur sind in das Papier geprägt; sie sind unterschiedlich tief hineingeprägt und ergeben ein interessantes Tiefrelief.

Gerry Copp: Collage mit tropischem Fisch. Handgeschöpftes Recyclingpapier auf Holz; 50 x 40 cm.

Collage- und Mischtechniken

John Gerard: Bogen. Collage, handgeschöpftes Papier aus 13 Teilen; 180 x 116 cm (oben).

Richard Flavin: Collage G-10. Papier-Collage mit Monotypie-Holzschnitt; 30 x 60 cm (rechts).

Der Begriff Collage stammt von dem französischen Wort «coller», kleben. Die Collagetechnik besteht darin, verschiedene Materialien, vor allem Papier, zu einem Gesamtbild zusammenzusetzen. Die Geschichte der Papierherstellung und die der Collagetechnik sind eng miteinander verknüpft. Die frühesten Collagen wurden im 12. Jahrhundert von japanischen Kalligraphen hergestellt; sie übertrugen Gedichte auf gefärbte Papiere, die zu Bogen zusammengeklebt waren. Aus Papier ausgeschnittene Vogel-, Stern- und Blumenformen dienten zum Verzieren.

Viele moderne Collagen sind aus gebrauchten Papieren zusammengesetzt. Sie weisen grundverschiedene Muster und Strukturen nebeneinander auf, haben abgerissene und beschnittene Ränder, sie bestehen aus handgefärbten und bemalten Papieren. Zeitschriften, Zeitungen, Plakate, Pack- und Computerpapiere, gefärbte und bedruckte Papiere aller Art finden Verwendung und erhalten eine neue ästhetische Bedeutung.

PROJEKT

Collage-Formen

SIE BRAUCHEN
- *Faserbrei: 2 oder mehr Farben*
- *Form und verschiedene Deckel*
- *Gautschtücher*
- *Bretter zum Pressen*
- *Großen, weichen Pinsel*

ARBEITSSCHRITTE
- *Papierformen ausschneiden*
- *Papierbogen schöpfen*
- *Gautschen*
- *Zusammengautschen*
- *Pressen*

1 Schneiden Sie Karton mit den Außenmaßen Ihrer Form aus.

2 Zeichnen Sie die gewünschten Formen darauf.

3 Schneiden Sie die Formen aus. Bekleben Sie den Karton mit Folie, bevor Sie ihn in die Bütte tauchen (s. S. 70).

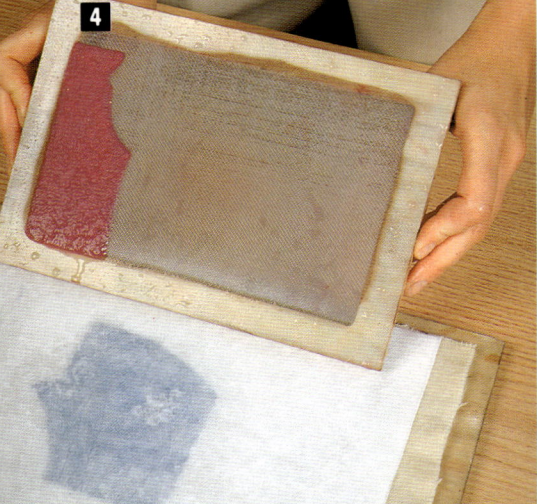

4 Schöpfen Sie den unteren Bogen, gautschen Sie ihn ab, und legen Sie ihn beiseite; dann schöpfen Sie die Collage-Formen. Legen Sie jeweils ein Deckelteil auf die Form, und verwenden Sie für jedes einen andersfarbigen Faserbrei.

5 Gautschen Sie die Formen einzeln ab, und legen Sie auf jede einen Filz. Pressen Sie das Papiervlies bei leichtem Druck mit Preßbrettern oder in einer Presse, um überschüssiges Wasser zu entfernen.

In jüngster Zeit werden für Collagen nicht mehr nur gebrauchte, sondern vermehrt auch wieder handgeschöpfte Papiere verwendet, so daß die alte Handwerkskunst neben den schnell-lebigen Erzeugnissen der Massenher-stellung fortbesteht.

Eine Papier-Sammlung für Collagen

Legen Sie zunächst eine Sammlung aus Papieren mit unterschiedlicher Oberflä-chenstruktur und Farbqualität sowie aus bedruckten und bebilderten Papie-ren an. So eignen sich beispielsweise bedruckte Tüten, vergilbte Poster, Fo-lien, imprägnierte Papiere, Fahrkarten und alte Briefmarken für Collagen. Obwohl Recyclingpapier meist nicht so fein ist wie frisch aufbereitetes Papier, kann es dennoch ausgesprochen schön sein. Oft hat es seinen eigenen Reiz, nicht nur was Farbe und Struktur

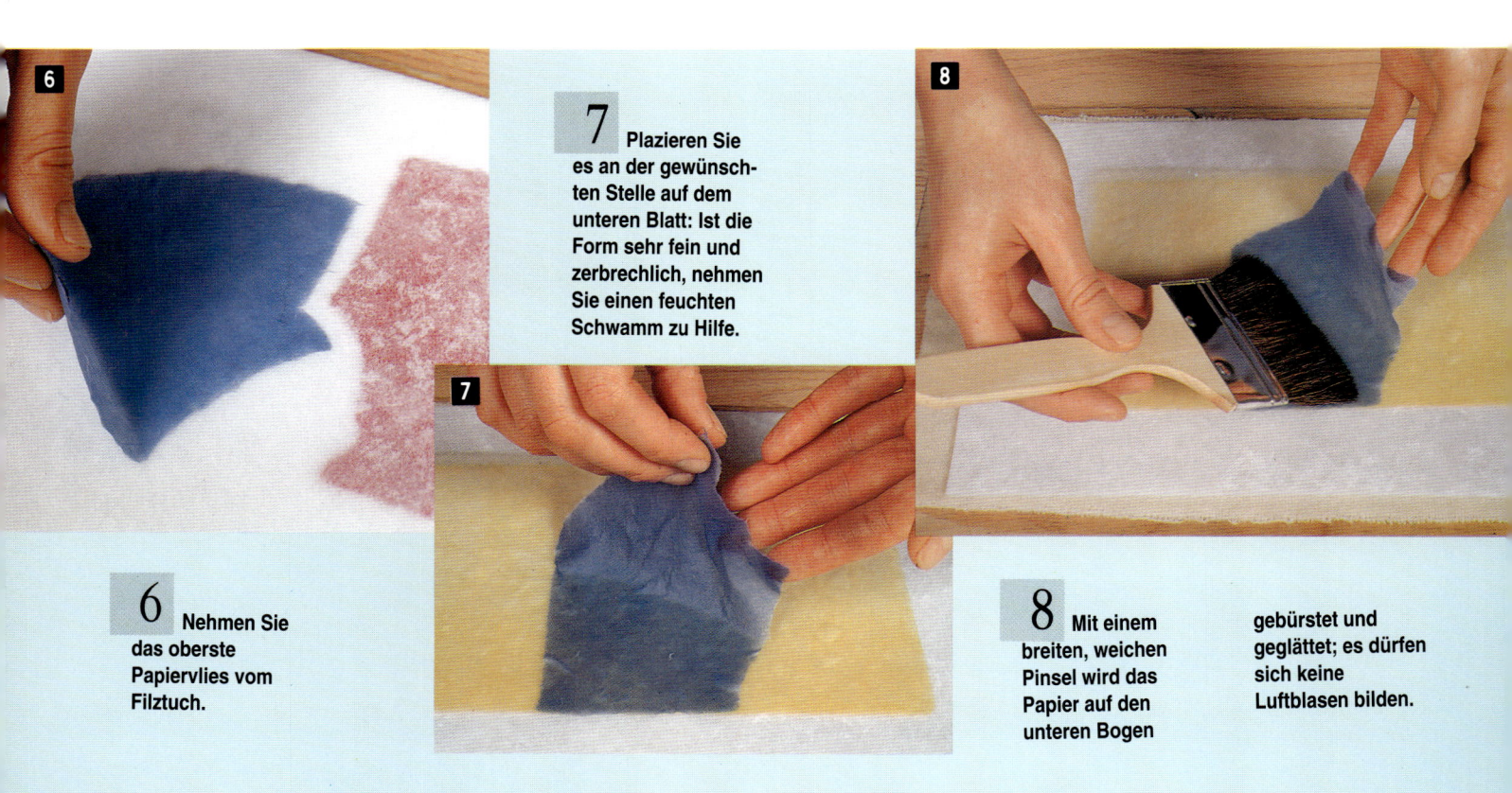

John Gerard: Collage. Handgeschöpftes Papier aus 16 Teilen; 90 x 90cm (links).

Richard Flavin: Collage B-4. Collage aus handgeschöpftem Papier; 45 x 45 cm (rechts).

Gerry Copp: Abfall. Handgeschöpftes Recyclingpapier auf Holz; 70 x 30 cm (rechts).

6 Nehmen Sie das oberste Papiervlies vom Filztuch.

7 Plazieren Sie es an der gewünsch-ten Stelle auf dem unteren Blatt: Ist die Form sehr fein und zerbrechlich, nehmen Sie einen feuchten Schwamm zu Hilfe.

8 Mit einem breiten, weichen Pinsel wird das Papier auf den unteren Bogen gebürstet und geglättet; es dürfen sich keine Luftblasen bilden.

angeht, sondern auch hinsichtlich dessen, wie es sich anfühlt.

Mischkompositionen

Es gibt unzählige Möglichkeiten, Altpapiere und andere vergängliche Collagematerialien in der eigenen Papierherstellung zu verwerten; Sie können auch ausschließlich mit Ihren selbstgeschöpften Papieren arbeiten. Darüber hinaus können Sie die beschriebenen Techniken wie Zusammengautschen, Einschließen und Prägen kombinieren und mit selbstkreierten Papier-Formen Collage-Kompositionen schöpfen. So kann man zum Beispiel strukturierte Papiere auf feuchte, andersfarbige Bogen abgautschen und zudem mit Prägemuster versehen. Oder man macht eine Einschließung sichtbar, indem man ein Schmuckpapier mit Sprenkelmuster, bei dem einige Flächen ausgespart werden, darauf abgautscht.

9 Gautschen Sie die restlichen Papiervliese ebenfalls auf den unteren Bogen.

10 Der fertige Bogen kommt bei höherem Druck erneut in die Presse oder wird unter einem schweren Gewicht gepreßt, damit sich die Fasern verbinden.

Otavio Roth: Ohne Titel. 50 000 Papierelemente aus zerkauten Baumwollumpen.

Vorläufer des Papiers

Tapa ist meist schlicht, kann aber bedruckt, bemalt oder mit geometrischen Mustern und Tier- und Pflanzenmotiven schabloniert werden.

Manche der früher verwandten Materialien ähneln Papier, sind aber streng genommen kein Papier. Einige dienten als Schreiboberfläche und anderen Zwecken und fanden religiöse Verwendung. Papyrus, *tapa* und *amate* (Rindenbaststoffe) und Reispapier sind allesamt pflanzlichen Ursprungs und können, was ihren Verwendungszweck angeht, als Vorläufer des Papiers angesehen werden. Ihre Herstellung jedoch unterscheidet sich von der echten Papiers: Sie bestehen nicht aus aufgeschlossenen Fasern, die mit Wasser verdünnt in einer Form geschöpft werden.

Papyrus: das erste «Papier»

Papyrus wird aus den Stengeln der Papyrusstaude (*Cyperus papyrus*) hergestellt, die vor allem in den fruchtbaren Sümpfen am Nil wuchs. Die älteste noch stehende Papyrusstaude stammt aus der Zeit um 5000 bis 3000 v. Chr. Die Papyrusstaude wurde für viele Zwecke verwendet, unter anderem als Brennmaterial, für Boote, Taue, Matten, Sandalen, Decken und Stoffe. In erster Linie diente sie jedoch zur Herstellung von Schreibmaterial. Papyrusbogen wurden auf eine einheitliche Größe geschnitten und mit Bimsstein geglättet. Sie wurden entweder einzeln verwendet oder zu einer längeren Rolle aneinandergeklebt. (Der große Papyrus Harris im Britischen Museum ist 40,5 m lang.)

Polynesisches Papier

Tapa ist die polynesische Bezeichnung für ein tuchartiges Material aus der Rinde verschiedener Bäume, vor allem Maulbeerbaumarten. Die Rinde wird in Wasser eingeweicht und zu Bogen geschlagen. Tapa diente auf den pazifischen Inseln, in Süd- und Mittelamerika, Afrika und Südostasien unterschiedlichsten Zwecken. Auf Hawaii wurde es für zeremonielle Gewänder, Leichentücher, Verbandsmaterial, Bettzeug, Taue und Lampendochte verwendet.

PROJEKT

Papyrus herstellen

Als Ersatz für Papyrus hat man die Stengel von Binse, Mais und sogar der Amaryllis verwendet und daraus mit Erfolg Blätter hergestellt. Wachsen diese Pflanzen in Ihrer Gegend (und vorausgesetzt sie stehen nicht unter Naturschutz), können Sie sie zum Papiermachen verwenden. Getrocknete Papyrusstreifen und die nötigen Arbeitswerkzeuge können auch beim Papyrus-Institut in Kairo bezogen werden. Die getrockneten Streifen sind 12,5 cm bzw. 15 cm lang.

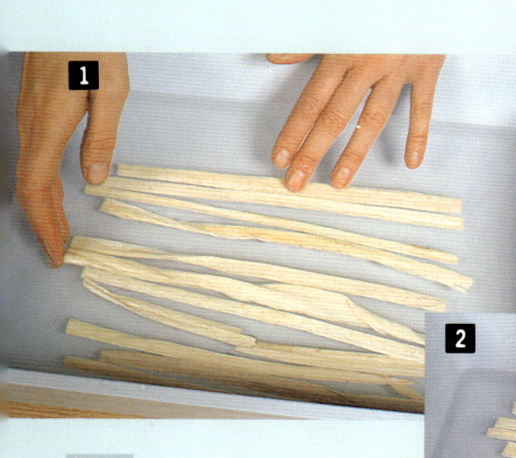

1 Legen Sie 15 cm lange, trockene Streifen in eine Schüssel mit Wasser.

2 Darauf kommen quer 12,5 cm lange Streifen; das Ganze wird bei Zimmertemperatur 2-3 Tage in Wasser eingeweicht.

3 Die Streifen werden mit einem Gewicht, zum Beispiel einer Glasscheibe, beschwert, damit sie ganz im Wasser liegen.

4 Nehmen Sie die Streifen aus dem Wasser, und rollen Sie auf einem Brett mit einem Nudelholz darüber. Weichen Sie die Streifen erneut 1-2 Tage in frischem Wasser ein; wenn sie sich mit Wasser vollgesaugt haben, brauchen Sie sie eventuell nicht mehr mit einem Gewicht zu beschweren.

SIE BRAUCHEN

- *Pflanzenmaterial*
- *Scharfes Messer (um die Stengel zu ernten und sie in Streifen zu schneiden)*
- *Schälmesser oder Werkzeug zum Bearbeiten von Papyrus*
- *Flache Schüssel*
- *Holzbrett*
- *Nudelholz*
- *2 Baumwollhandtücher*
- *2 Baumwolltaschentücher*

Aztekisches Papier

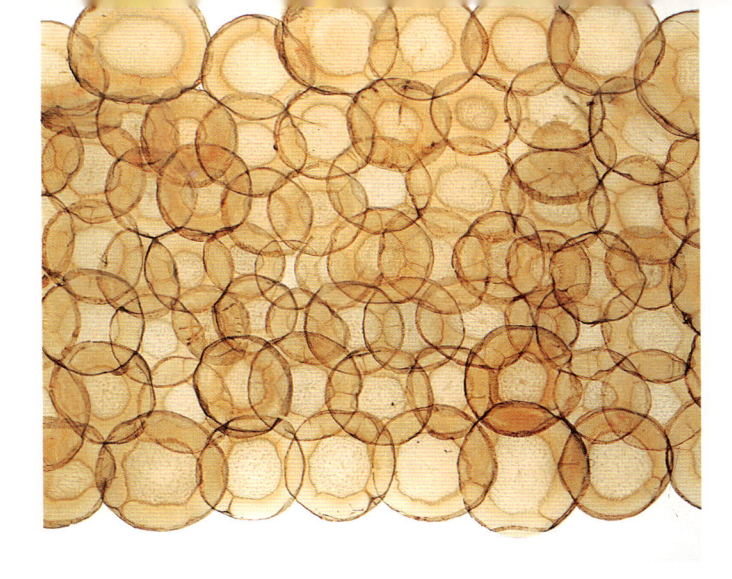

Amate ist ebenfalls ein Papier aus geschlagenen Rinden. Ursprünglich verwendeten die Azteken die innere Rinde der wildwachsenden Feigenbäume. In der aztekischen Sprache bedeutet *amatl* sowohl Papier als auch Feigenbaum. Um Papier zu erhalten, werden Streifen des inneren Basts in einer Holzaschelösung gekocht. Anschließend werden sie gespült und gitterförmig auf einem Holzbrett ausgelegt. Durch Schlagen gehen die Fasern in die Breite und füllen die freien Zwischenräume aus. Die Amate-Bogen läßt man in der Sonne auf Holzbrettern trocknen.

Durchscheinendes Papier aus dünnen Karottenscheiben, das nach dem gleichen Verfahren wie Papyrus hergestellt wurde.

Die Mayas entwickelten noch früher aus breitgeschlagener Baumrinde ein Material namens *huun*.

5 Nach dem zweiten Einweichen werden die Streifen mit etwas weniger Druck erneut gerollt. Dann legen Sie die Streifen noch einmal 3 Tage ins (nicht ausgewechselte) Wasser. Wenn die Streifen durchscheinend werden und auf den Boden sinken, sind sie fertig zum Papiermachen.

6 Legen Sie ein kleines Handtuch auf eine flache Unterlage; darauf kommt ein Baumwolltuch, zum Beispiel ein Taschentuch. Nehmen Sie einen Streifen, und legen Sie ihn vertikal entlang des Tuchrands. Der nächste Streifen kommt parallel neben den ersten und überlapt diesen um etwa 2 mm. Verfahren Sie genauso mit allen übrigen Streifen.

7 Legen Sie nach demselben Prinzip die kurzen Streifen quer über die untere Schicht.

Huun und Amate dienten als Schriftträger für heilige Kalender und Weissagungen, geschichtliche Aufzeichnungen und medizinische Abhandlungen und spielten eine wichtige Rolle bei den religiösen Riten der Mayas und Azteken. Amate wird noch heute von den Otomi-Indianern Südmexikos hergestellt, in deren Zeremonien es große Symbolkraft besitzt.

Reispapier

Die Bezeichnung «Reispapier» ist irreführend, da dieses Material nicht aus Reis, sondern aus dem Mark der Reispapierpflanze (*Tetrapanax papyrifera*) hergestellt wird, das zerkleinert wird. Reispapier ist fein, sehr fest und dauerhaft.

Ungewöhnliche Papiere

Im 18. Jahrhundert führte die Suche nach neuen Materialien zum Papiermachen zur Herstellung «seltsamer» Papiere. Naturforscher probierten es mit vielen Pflanzenfasern, unter anderem mit Algen, Moos, Gras, Disteln, Kartoffeln, Weinstöcken, Stroh u. a. Der französische Biologe und Technologe René-Antoine de Réaumur fand 1719 heraus, daß Wespennester aus zerkautem Holzbrei bestehen und die Arbeiterinnen papierähnliche Waben bauen.

Heute haben die Wespen einen Nachahmer in dem brasilianischen Künstler Otavio Roth gefunden. Eine seiner Techniken besteht tatsächlich darin, daß er Baumwollumpen von alten T-Shirts zwei Stunden lang zerkaut und so einen Mundvoll Faserbrei erhält.

8 Bedecken Sie das Ganze mit einem sauberen Baumwolltuch.

9 Über das Baumwolltuch kommt ein Handtuch.

10 Rollen Sie vorsichtig über das «Papyrus-Sandwich», um Wasser herauszupressen. Entfernen Sie die nassen Handtücher, aber nicht die Baumwolltücher. Legen Sie den Papyrusbogen zwischen dicke Lagen zusammengefalteter Zeitungen. Dann beschweren Sie das Ganze mit einem Gewicht, oder pressen Sie es zwischen Holzbrettern in einer kleinen Presse (sofern vorhanden). Wechseln Sie die nassen Zeitungen nach 2 Stunden, dann nach 6 und noch einmal nach 24 Stunden aus. Pressen Sie den Papyrus, bis er vollständig trocken ist; legen Sie ihn im Abstand von 24 Stunden jeweils in frische Zeitungen. Schließlich nehmen Sie den Papyrusbogen aus den Baumwolltüchern und beschweren ihn zwischen trockenen Zeitungen weitere 48 Stunden mit einem Gewicht.

Wasserzeichen werden in das Papier «geschöpft» und schützen es vor Fälschungen; vor allem Banknoten und wichtige Dokumente werden daher mit Wasserzeichen versehen.

Wasserzeichen: verborgene Bilder

Ein Helldunkel-Porträt von Nicolas Louis Robert, dem Erfinder der ersten Papiermaschine, als Wasserzeichen.

Ein Wasserzeichen ist ein durchscheinender Bereich in einem Papierbogen, meist eine Konturzeichnung oder ein Monogramm, das kaum zu sehen ist, außer man hält den Bogen gegen das Licht. Es handelt sich um den Abdruck eines zu einem Muster gebogenen, feinen Drahts, den dieser bei der Blattbildung auf dem Papier hinterläßt. Der Draht wird auf dem Siebgeflecht befestigt. Der Faserbrei setzt sich auf dem leicht erhöhten Wasserzeichen in einer dünneren Schicht als auf dem übrigen Sieb ab. Die ersten Beispiele für Wasserzeichen sind uns aus dem späten 13. Jahrhundert aus Italien bekannt; das älteste Wasserzeichen zeigt ein grob gebogenes Kreuz mit einem kleinen Kreis an jedem Drahtende sowie einem größeren in der Mitte.

Der Begriff «Wasserzeichen» ist irreführend, denn es ist der Draht, der bestimmte Stellen des Papiers durchscheinend macht, nicht das Wasser. Das französische Wort *filigrane* und die früheren englischen Bezeichnungen «Drahtzeichen» und «Papierzeichen» sind sehr viel genauere Beschreibungen für die verborgenen Bilder. Wasserzeichen sind ein typisches Kennzeichen europäischer Papiere.

Magische Zeichen

Auf alten, mit Wasserzeichen versehenen Papieren sind Darstellungen von Tieren, Menschen, Blumen und Bäumen sowie Wappen und einfache Muster wie Kreise, Kreuze und Sterne zu sehen. Der Sinn dieser Zeichen ist nicht bekannt, aber vermutlich dienten sie zur Kennzeichnung der Formen der des Schreibens unkundigen Papiermacher. Andere Theorien besagen, daß sie eine religiöse oder magische Bedeutung hatten. Heute dienen Wasserzeichen vor allem als Waren- oder Erkennungszeichen einzelner Papiermühlen, Papiermacher oder Künstler.

PROJEKT

Ein Wasserzeichen anfertigen

1 Zeichnen Sie eine Kontur auf ein Stück Papier. Dann biegen Sie den Draht mit einer Zange zu dieser Form. Kompliziertere Drahtgebilde müssen zusammengelötet werden; Angelschnur können Sie direkt auf das Siebgeflecht aufnähen.

SIE BRAUCHEN

- *Bleistift*
- *Papier*
- *Weichen Messingdraht (3-4 mm dick) oder Silberdraht*
- *Angelschnur (wahlweise)*
- *Kleine Kneifzange*
- *Nadel und Faden*
- *Lötmetall (wahlweise)*
- *Form und Deckel*
- *Faserbrei (aus kurzen bis mittellangen Fasern)*
- *Gautschtücher*
- *Bretter zum Pressen*

ARBEITSSCHRITTE

- *Papierbogen schöpfen*
- *Gautschen*
- *Pressen*

2 Nehmen Sie zum Nähen einen festen, aber dünnen Faden. Sie brauchen den Draht nur an einigen Punkten zu befestigen, damit er nicht verrutscht. Denken Sie daran, daß das Zeichen spiegelbildlich auf dem Papierbogen zu sehen sein wird.

3 Damit das Wasserzeichen gut zu sehen ist, verwenden Sie Papierbrei aus kurzen bis mittellangen Fasern. Wenn Sie die Form aus der Bütte heben, setzt sich auf dem erhöhten Wasserzeichen weniger Faserbrei ab als auf dem übrigen Sieb; das Wasserzeichen wird Bestandteil des Papiers. Halten Sie den Bogen nach dem Pressen und Trocknen gegen das Licht: Die durchscheinenden Stellen, wo das Wasserzeichen am Sieb befestigt war, sind zu sehen.

PROJEKT

Experimentieren mit Wasserzeichen

Es gibt weitere Möglichkeiten, Wasserzeichen zu schaffen. Man kann kleine selbstklebende Etiketten auf die Sieboberfläche kleben. Mit Kleber oder auch Nagellack lassen sich Muster auf die Form «zeichnen» – allerdings kann man sie nicht mehr vom Sieb entfernen. Die überklebten Stellen sind wasserundurchlässig, also setzt sich dort kein Faserbrei ab.

SIE BRAUCHEN

- *Selbstklebende Etiketten oder Kleber*
- *Faserbrei (aus kurzen Fasern)*
- *Form und Deckel*
- *Gautschtücher*
- *Bretter zum Pressen*

ARBEITSSCHRITTE

- *Papierbogen schöpfen*
- *Gautschen*
- *Zusammengautschen*
- *Pressen*

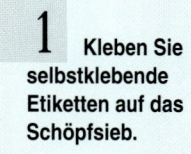

1 Kleben Sie selbstklebende Etiketten auf das Schöpfsieb.

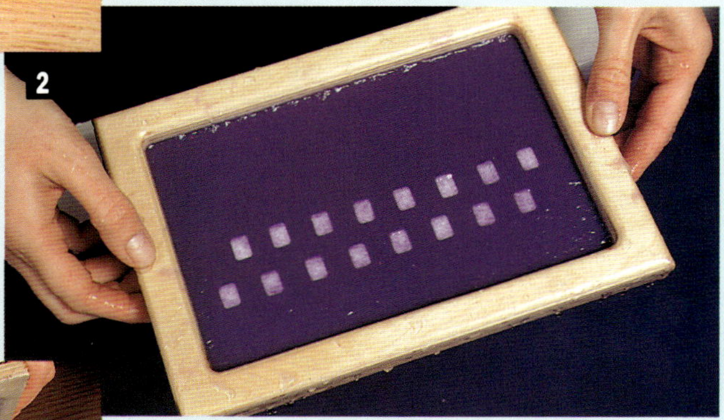

2 Der Faserbrei setzt sich nur dort ab, wo das Wasser durch das Sieb ablaufen kann.

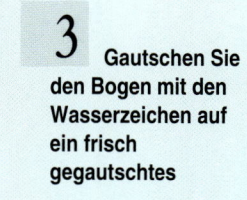

3 Gautschen Sie den Bogen mit den Wasserzeichen auf ein frisch gegautschtes andersfarbiges Blatt; es ergeben sich durchscheinende Stellen.

4 Der untere Bogen ist durch die durchscheinenden Stellen hindurch zu sehen.

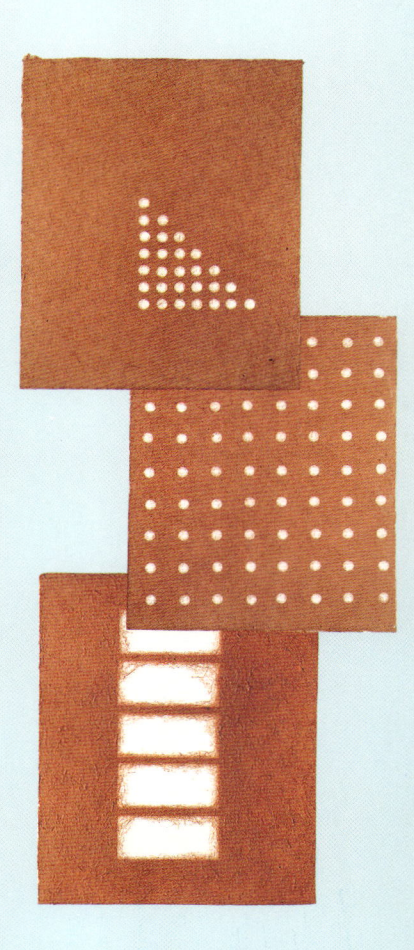

Diese Muster stammen von selbstklebenden Etiketten; sie werden vor dem Schöpfen des Blatts auf das Sieb geklebt.

Golda Lewis: Stadtgeometrie. Auf ungeleimte Leinwand gegautschtes Papier mit «Fundstücken»; 76 x 91 cm.

Faserbreibilder

Bei diesem Verfahren arbeitet man mit dem Faserbrei wie mit Farbe. Meist appliziert man ihn von Hand auf einen Trägerstoff, bei dem es sich ebenfalls um Papier handeln kann. Es gibt sehr viele Möglichkeiten, den Faserbrei aufzutragen. Man kann sprühen, sprenkeln, spritzen, streichen, träufeln oder gießen.

Künstler waren schon immer von den Eigenheiten von Papier fasziniert: von seiner Geschmeidigkeit, seiner Farbe und Struktur. Viele unter ihnen haben das Papiermachen erlernt und machen es sich als Mittel zur Weiterentwicklung ihrer Kunst zunutze. Ihre Werke enthüllen häufig mehr über den Charakter des Papiers an und für sich, als daß sie Papier als Träger anderer Materialien zeigen. Die Art der Gestaltung mit Papierbrei richtet sich nach den jeweiligen Anliegen und Interessen des Künstlers. Häufig erfolgt sie in Kombination mit anderen Techniken wie Zeichnen, Malen und Drucken.

Géza Mészáros: Das große bilderstürmende Bild. Handgeschöpftes Papier mit Goldfarbe; 155 x 115 cm (oben).

Kathy Crump: Fächer-Form (Ausschnitt). Faserbrei-Komposition, gefaltet; Hibiskus- auf Kozopapier; 46 x 63 cm (rechts).

TECHNIK

Faserbreibilder

1 Schöpfen Sie einen Bogen, und lassen Sie die Form über einem flachen Gefäß abtropfen. Legen Sie ein Drahtgestell, zum Beispiel einen Ofenrost, auf den Bogen. Bereiten Sie farbigen Faserbrei unter Zugabe von Blattbildungs-Hilfsmittel zu, und füllen Sie die Mischungen in Plastikflaschen; der Faserbrei sollte gut durch die Öffnung fließen.

2 Tragen Sie den ersten farbigen Faserbrei in die Zwischenräume des Rostes auf. Gehen Sie langsam vor, und tragen Sie den Faserbrei in einer gleichmäßigen Schicht auf; die Schicht darf nicht zu dick sein. Lassen Sie Wasser abtropfen, bevor Sie mit der Arbeit fortfahren, sonst läuft Faserbrei über die Ränder der Drahtbogen.

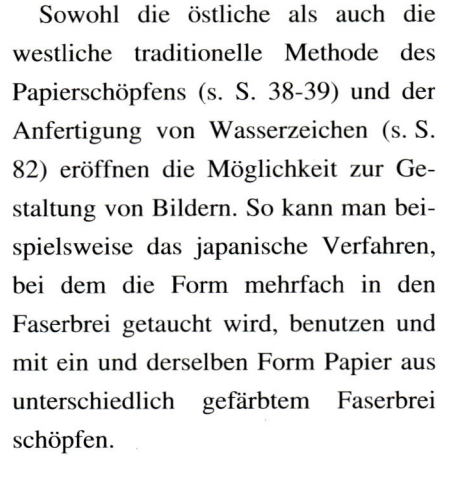

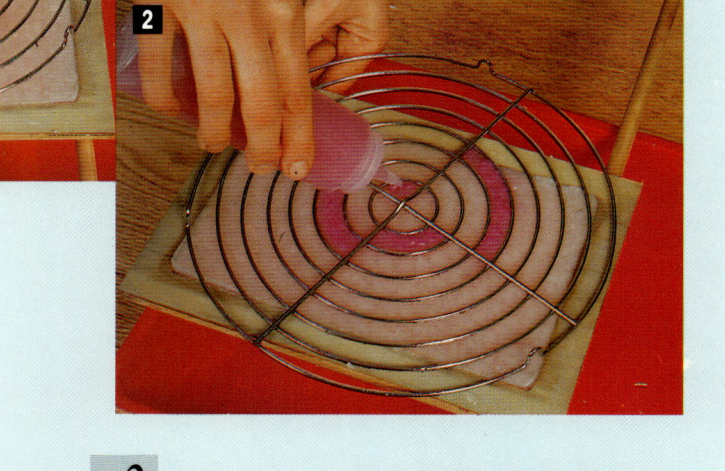

3 Tragen Sie die verschiedenen Farben nacheinander auf.

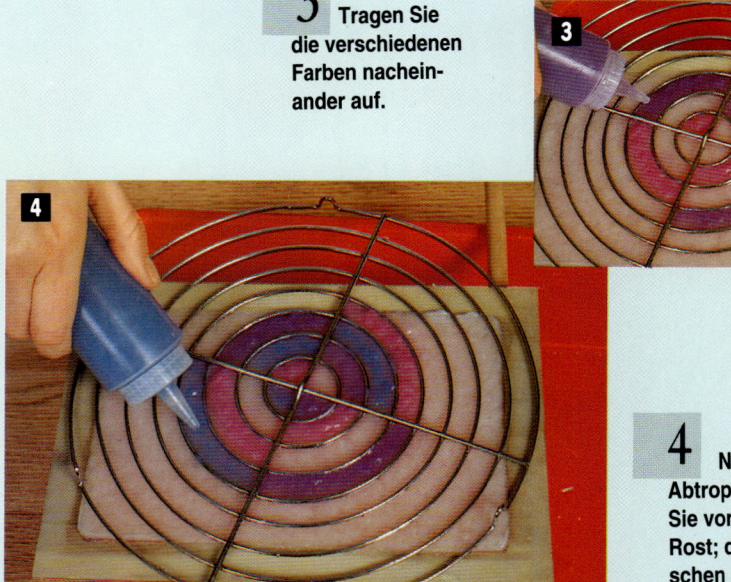

4 Nach dem Abtropfen entfernen Sie vorsichtig den Rost; dann gautschen und pressen Sie den Bogen.

Sowohl die östliche als auch die westliche traditionelle Methode des Papierschöpfens (s. S. 38-39) und der Anfertigung von Wasserzeichen (s. S. 82) eröffnen die Möglichkeit zur Gestaltung von Bildern. So kann man beispielsweise das japanische Verfahren, bei dem die Form mehrfach in den Faserbrei getaucht wird, benutzen und mit ein und derselben Form Papier aus unterschiedlich gefärbtem Faserbrei schöpfen.

Material für Faserbreibilder

Zum Malen kann man den Faserbrei in Plastikflaschen füllen. Es eignet sich jeder dünnflüssige Papierbrei, bessere Ergebnisse erzielt man allerdings mit langem, völlig zu Brei gestampftem Fasermaterial (s. S. 102), dem man Blattbildungs-Hilfsmittel zusetzt. Abacá und Flachs sind zu empfehlen, vor allem wenn durchscheinendes und kräftig gefärbtes Papier gewünscht wird. Die Zugabe von Blattbildungs-Hilfsmittel verhindert, daß die Fasern verklumpen und die Spritzdüse verstopft. Stellen Sie eine dünnflüssige Mischung aus Wasser, Fasern und Blattbildungs-Hilfsmittel her. Fügen Sie zunächst nur wenig Strukturgeber hinzu, und erhöhen Sie die Menge nach Bedarf.

Beim Gießen farbigen Faserbreis nimmt man am besten eine Schablone zu Hilfe. Zum Aufstauen des Faserbreis können Plastikstreifen, «Messing- oder Kupferzäune» dienen. Nach dem Entfernen der Begrenzungen und vor dem Abtropfen werden die Ränder durch leichtes Schütteln ausgeglichen und der Faserbrei geglättet. Statt dessen können Sie den Faserbrei auch in phantasievollen Strichen mit dem Pinsel auftragen.

TECHNIK

Mit Faserbrei malen

Man kann auch ein Blatt auf ein feuchtes Filztuch gautschen und es mit Faserbrei bemalen. Haben Sie zuvor eine Skizze entworfen, übertragen Sie sie mit einem Plastikmesser vorsichtig auf den Bogen. Wollen Sie regelmäßige Schichten auftragen, merken Sie sich die genaue Reihenfolge der einzelnen Farben; legen Sie ein dickes Tuch zum Aufsaugen des Wassers unter.

1 Tragen Sie den ersten farbigen Faserbrei in gleichmäßigem Fluß auf; Sie können sich an einen Entwurf halten oder Ihrer Phantasie freien Lauf lassen.

3 Das Auftragen erfolgt im Wechsel; achten Sie darauf, daß das Wasser abgetropft ist, bevor Sie mit der nächsten Farbe fortfahren.

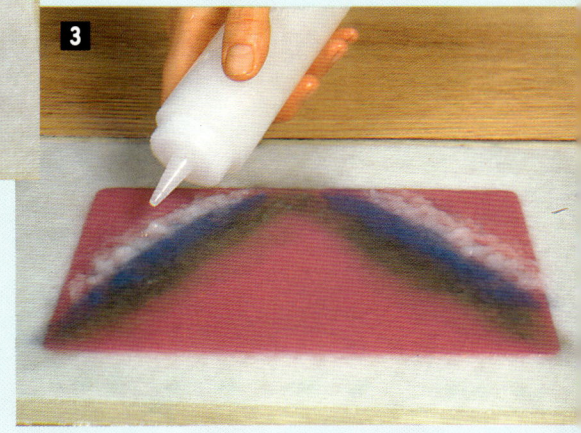

2 Nach dem Abtropfen tragen Sie die zweite Farbe auf.

SIE BRAUCHEN

- Drahtgestell (Ofenrost)
- Plastikflaschen
- Faserbrei
- Blattbildungs-Hilfsmittel
- Form
- Auffangbehälter oder Brett mit Gautschtuch

ARBEITSSCHRITTE

- Papierbogen schöpfen
- Gautschen
- Pressen

Die Farbe des unteren Bogens kann durch die zweite Schicht hindurch zu sehen sein, was interessante Effekte ergibt. Außerdem variieren Oberflächenstruktur, Dichte und Transparenz des Papiers je nach verwendetem Fasermaterial und der Art der Zubereitung des Papierbreis.

Elaine Koretsky demonstriert Faserbrei-Sprühtechniken auf einem internationalen Papier-Symposium.

Donna Koretsky: Baumringe. Erweiterte Version (Ausschnitt). Gesprühter Flachsfaserbrei; 200 x 60 cm.

Faserbrei sprühen

Diese Technik wird deshalb gern angewandt, weil man große Papierbogen herstellen kann, ohne eine große Schöpfbütte zu benötigen. Die Faserbrei-Spritze funktioniert nach demselben Prinzip wie in der Industrie verwendete Geräte zum Sprühen von Farbe, Kleber oder Zement mit Preßluft. Sie ähnelt einem Airbrush, man kann damit nuancierte Farbwechsel und sich überlappende Faserbreischichten schaffen. Die Technik eignet sich für zwei- und dreidimensionale Oberflächen.

Die Vorrichtung besteht aus Spritzpistole, Tank für den Papierbrei und Preßluftgerät mit mindestens einem, besser zwei PS. Die Sprühmenge hängt von der Leistung des Preßluftgeräts ab. Der gestampfte Faserbrei wird in den Tank gefüllt, der über einen Schlauch mit der Spritzpistole verbunden ist. Ein zweiter Schlauch führt zum Kompressor. Sobald der Behälter unter Druck steht, drückt man auf den Abzug an der Spritzpistole und sprüht den Faserbrei auf. Die Spritze hat auswechselbare Düsen für feine und grobe Muster. Sie erhalten solche Spritzen mit ausführlicher Gebrauchsanleitung im Handel.

Faserbrei und Oberfläche

Bei Zugabe von Blattbildungs-Hilfsmittel (s. S. 27) eignet sich fast jeder Faserbrei zum Aufsprühen auf poröse Oberflächen. Wollen Sie festes, dünnes, durchscheinendes Papier herstellen, versuchen Sie es zunächst am besten mit Manilafaser. Aus Baumwollfaserbrei erhält man ein Papier, das nicht durchscheinend ist. Längere Fasern ergeben einen Faserbrei für festes, stark schrumpfendes Papier zum Schaffen von Skulpturen. Dazu können Sie auch dreidimensionale Schöpfformen oder Gerüste verwenden; außerdem eignen sich die meisten Tuchgewebe mit nicht zu lockerer Struktur zum Besprühen. Nach dem Trocknen können Schöpfform oder andere Träger entfernt und das Papier separat verwendet werden.

TECHNIK

Sprühen mit der Spritzpistole

1 Verbinden Sie die Spritzpistole mit dem Preßluftgerät. Lassen Sie den Faserbrei kurz abtropfen; geben Sie 1/2-1 Tasse Blattbildungs-Hilfsmittel auf jeweils 4,5 l Faserbrei; rühren Sie das Ganze gut um. Die Suspension sollte eine schleimige Konsistenz haben. Stellen Sie Wasser bereit, um den Faserbrei nach Bedarf zu verdünnen. Leim und andere Zusätze (s. S. 27) können ebenfalls untergemischt werden. Methylzellulose verleiht dem fertigen Papier Festigkeit, Gelatine sorgt für eine glänzende Papieroberfläche. Befeuchten Sie die Unterlage mit Wasser, die Faserbreischichten haften so besser darauf.

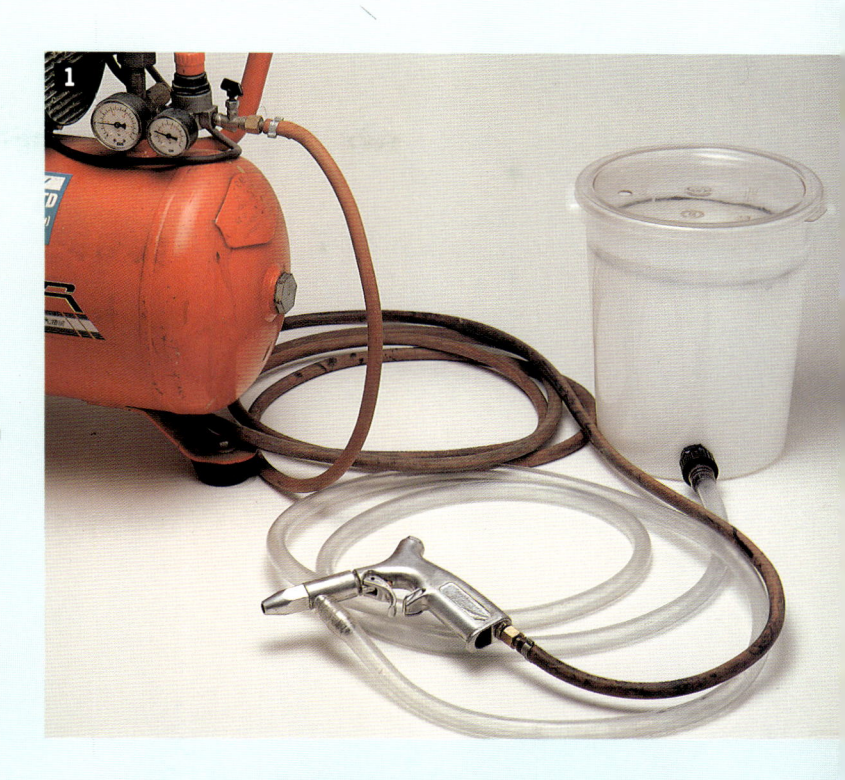

SIE BRAUCHEN

- *Faserbrei-Spritze (im Handel erhältlich)*
- *Preßluftgerät (auf Stufe 1 1/2-2 schalten)*
- *Faserbrei, wahlweise in mehreren Farben*
- *Blattbildungs-Hilfsmittel*
- *Tuchgewebe: nicht appretierte Baumwolle oder Leinen, Seide, Musselin usw.*

2 Dann setzen Sie die Düse mit dem Einlegestück auf die Spritzpistole.

3 Füllen Sie den Behälter mit Faserbrei; stellen Sie ihn auf eine ebene Unterlage neben den Trägerstoff, den Sie besprühen wollen. Schalten Sie das Gerät ein; ist der nötige Druck erreicht, drücken Sie auf den Abzug der Spritzpistole und beginnen mit Ihrer Arbeit.

Die Faserbreimischung müssen Sie je nach Trägeroberfläche und dem Charakter Ihrer Arbeit variieren. Für eine glatte Oberfläche wie Seide ist eine stärker verdünnte Mischung als für gröbere Tuchgewebe erforderlich. Aufgrund des höheren Wasseranteils wird die glatte Oberfläche horizontal besprüht, so daß der Faserbrei nicht herabtropft. Damit der Faserbrei besser auf der Oberfläche haften bleibt, kann man mit Hilfe eines Naßstaubsaugers, mit dem man über die Rückseite des Gewebes «fährt», schneller überschüssiges Wasser entfernen. Flache oder vertiefte Formen können hingegen aus jeder beliebigen Richtung besprüht werden. Tragen Sie nacheinander dünne Schichten auf, und lassen Sie sie jeweils abtropfen, damit der Faserbrei nicht herunterfließt. Etwa 4 bis 6 Schichten ergeben ein ausreichend festes Blatt, das sich nach dem Trocknen gut von der Unterlage löst.

Spannen Sie das ausgewählte Material wie beim Bespannen der Schöpfform (s. S. 22) nach Möglichkeit straff auf einen Rahmen. Dies gilt sowohl für flache als auch für dreidimensionale Gebilde; sonst verläuft der flüssige Papierbrei und sammelt sich in Vertiefungen. Geeignete Tuchgewebe sind zum Beispiel nicht appretierte Baumwolle, Leinensegeltuch, Musselin, Filz, Seide oder auch engmaschiges Drahtgeflecht und sogar Plastikfolien. Sprüht man Faserbrei zum Beispiel auf eine nicht poröse Unterlage, etwa ein Wachstuch, erhält die Seite des Bogens, die auf dem Kunststoffträger trocknet, eine glatte, glänzende Oberfläche.

4 Tragen Sie den Faserbrei in dünnen, gleichmäßigen Schichten auf, und lassen Sie sie abtropfen. Für feine Muster verwenden Sie das kleinste Einlegestück. Bei schwachem Strahl kann der Faserbrei im Abstand von 5 cm aufgesprüht werden, achten Sie jedoch darauf, daß das Papier keine Löcher bekommt. Ist die Düse verstopft, halten Sie sie mit dem Finger zu und drücken auf den Abzug, so daß der Faserbrei durch den Schlauch zurückfließt. Nötigenfalls müssen Sie eine dünnere Mischung durch Zugabe von Blattbildungs-Hilfsmittel und Wasser zubereiten.

5 Man kann verschiedenfarbigen Faserbrei in breiten Streifen oder sich überlagernden Schichten auftragen. Durch harmonische Farbzusammenstellungen läßt sich eine besondere Farbintensität erzielen. Man kann die Sprühtechnik auch mit anderen Verfahren kombinieren und kleine Elemente einschließen oder zusätzlich Faserbrei mit der Plastikflasche auftragen. Außerdem können Sie nach Belieben Schablonen verwenden.

6 Ein typisches Merkmal der Sprühtechnik sind solche durch Wassertropfen hervorgerufenen Strukturmuster. Nach Beendigung der Arbeit wird das Gerät mit klarem Wasser durchgespült. Reinigen Sie die Düse von Faserbreiresten.

Ein Vakuumtisch ist eine sinnvolle Ausrüstung für die Werkstatt; das Prinzip läßt sich mit Hilfe eines Naßstaubsaugers relativ einfach nachempfinden.

Arbeiten mit Vakuum

Der Vakuumtisch eignet sich bei zerbrechlichen oder großen Einschließungen, die das übliche Pressen nicht zulassen, für Faserbreibilder und für große Bogen, die in keine Presse passen und so gut abtropfen können.

Diese Technik ist eine reizvolle Alternative zu den traditionellen Methoden des Papierschöpfens und bietet viele Möglichkeiten, Faserbrei aufzutragen. Seit dem Bau der ersten Vakuumtische Ende der 70er Jahre wurden eine Reihe weiterer Systeme entwickelt, die jedoch alle nach demselben Prinzip funktionieren: Die frisch geformten Bogen werden mittels Saugluft gepreßt und entwässert.

Der Vakuumtisch

Diese Vorrichtung besteht aus einem Tisch, durch den das Wasser aus dem Faserbrei abtropfen kann, einem Auffangbehälter für das Wasser und einer Vakuumpumpe. Üblicherweise ist der Tisch aus Hartfaserplatten gefertigt, in die im Abstand von 15-25 cm kleine Löcher gebohrt sind, die in eine Vakuumkammer führen. Diese ist über einen Plastikschlauch mit dem Auffangbehälter verbunden. Ein zweiter Schlauch führt vom Auffangbehälter zur Vakuumpumpe.

Das System muß luftdicht sein, darum sind Vakuumkammer und Tischoberfläche mit Polyurethanlack mehr-fach versiegelt. Zum Verarbeiten großer Mengen Faserbrei können die Tischseiten mit erhöhten Rändern versehen werden.

Um das Vakuum zu schaffen, kommt über den nassen Faserbrei eine Plastikfolie, so daß Folie und Tischplatte luftdicht abgeschlossen sind. Schaltet man die Vakuumpumpe ein, wird die Luft unter der Folie und in der Vakuumkammer angesaugt. Der nasse Faserbrei wird mittels Saugluft zusammengepreßt und das Wasser entzogen.

Vakuumsysteme werden häufig für Bogen verwendet, die sich aufgrund ihrer Größe nicht in den herkömmlichen Papierpressen verarbeiten lassen.

PROJEKT

Vakuum-Verfahren

1 Legen Sie die Gittergeflechte auf einer wasserfesten Unterlage aneinander, die an allen Seiten 7-10 cm größer ist als das Geflecht.

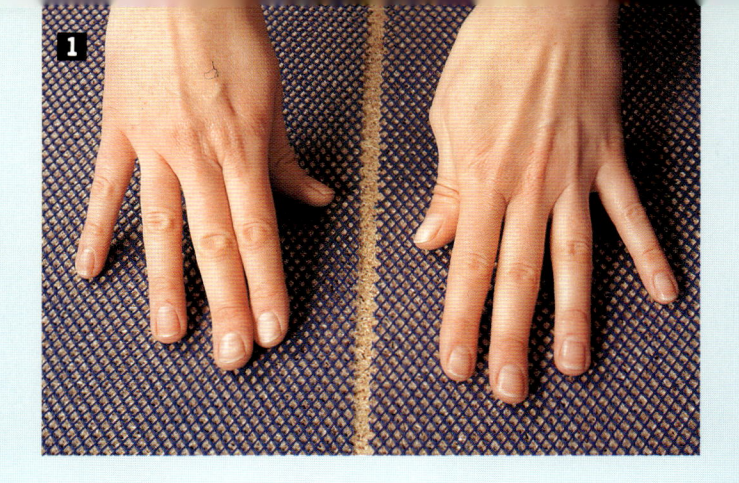

Für diese Technik bietet der Fachhandel fertiges Material aus feinem Polyester und gitterförmiger Unterseite an; sie bilden die Unterlage. Für den Schlauch liegt eine Düse bei, außerdem eine Rolle Klebeband zum luftdichten Abschließen sowie zwei Filztücher und Plastikfolie.

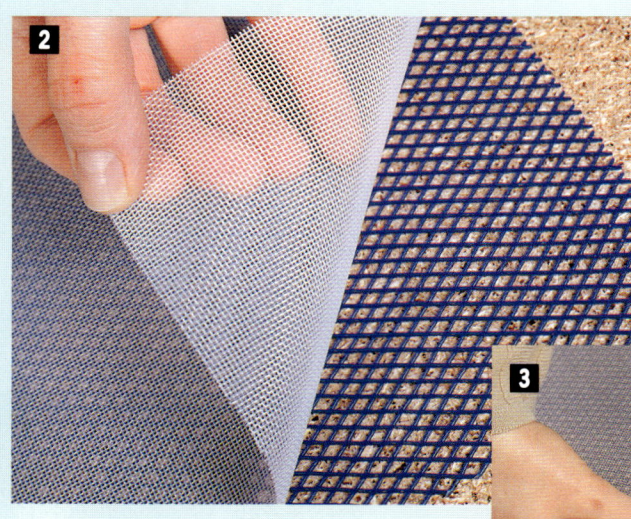

2 Auf das Gittergeflecht kommt das Polyestergewebe.

3 Setzen Sie die Saugdüse an einer Seite auf das Gewebe, und befestigen Sie sie mit dem Klebeband auf dem Gewebe; Tischplatte und Gewebe müssen völlig trocken sein, damit das Klebeband haftet.

SIE BRAUCHEN

- *Wasserfeste Tischplatte*
- *Naßstaubsauger (eventuell ausleihen)*
- *Schlauchsystem (im Handel erhältlich)*
- *Klebeband*
- *Polyestergewebe mit gitterförmiger Unterseite (im Handel zu kaufen)*
- *Gautschtuch*
- *Wachstuch*
- *Faserbrei (wahlweise in mehreren Farben)*

ARBEITSSCHRITTE

- *Papierbogen schöpfen*
- *Gautschen*
- *Faserbreibild (wahlweise)*

4 Bedecken Sie das Gewebe mit einem dicken Filz; das fertige Werk läßt sich dann leichter von der Tischplatte nehmen. Befeuchten Sie den Filz, bevor Sie mit der Arbeit beginnen; damit ist der Vakuumtisch fertig.

5 Gautschen Sie einen Bogen auf den Filz.

6 Bedecken Sie den Bogen mit der Plastikfolie. Die Tischränder müssen feucht sein, damit die Folie gut darauf haftet und für Luftabschluß gesorgt ist; außerdem darf die Folie keine Löcher aufweisen.

7 Setzen Sie die Düse auf den Schlauch des Staubsaugers, und schalten Sie ihn ein. Die Luft unter der Folie wird angesaugt, die Folie legt sich auf das Papier. Nun wird dem Papiervlies Wasser entzogen.

8 «Entziehen» Sie dem Bogen soviel Wasser wie möglich; anschließend entfernen Sie die Plastikfolie. Dann schalten Sie das Gerät aus.

9 Nach Beendigung der Arbeit leeren Sie den Auffangbehälter des Staubsaugers aus. Lassen Sie die Geflechte trocknen, und bewahren Sie sie flach gestapelt auf; vergewissern Sie sich, daß die Plastikfolie keine Löcher aufweist, und verstauen Sie sie.

Ein Vakuumtisch ermöglicht die Herstellung großer Papierbogen und die Anwendung von Techniken wie Einschließen, Zusammengautschen und Prägen sowie Reliefarbeiten, Collagen und Faserbreibilder.

Herstellen eines Vakuumsystems

Mit Hilfe eines Naßstaubsaugers können Sie selbst ein Vakuumsystem konstruieren. Am besten leihen Sie sich ein leistungsstarkes Gerät aus und besorgen sich die nötigen Zubehörteile im Fachhandel. Die Grundausstattung reicht für eine 100 x 90 cm große Arbeitsoberfläche aus und kann auf jeder flachen wasserfesten Arbeitsplatte verwendet werden, zum Beispiel einem Tisch mit Holz- oder Resopalplatte, oder auch auf dem Fußboden, den man mit einer dicken Plastikplane abdeckt. Sie können die Arbeitsfläche mit einem Rahmen aus Holzleisten einfassen, damit keine Flüssigkeit vom Tisch auf den Boden tropft. Vergessen Sie nicht, die Verbindungsstellen zwischen Rahmen und Tisch abzudichten.

Anwendungen

Das Vakuumverfahren eignet sich für viele Techniken. So können Sie einen in der Bütte geformten Bogen auf Polyestergewebe als Unterlage gautschen und es als Oberfläche für Faserbreibilder verwenden. Oder Sie arbeiten direkt auf dem Polyestergewebe, nachdem Sie zuvor ein Bild darauf skizziert haben. Um einen rauheren Papierbogen zu erhalten, lassen Sie den Faserbrei etwas abtropfen und streichen ihn dann auf die Arbeitsunterlage. Sie können den Papierbrei auch mit Hilfe von Formen schöpfen oder Materialien darin einschließen.

Soll das Papier nach dem Vakuumverfahren flach und verlangsamt trocknen, legen Sie eine Plexiglasscheibe oder eine beschichtete Kunststoffplatte darauf, die etwas größer ist als das Werk; erst dann decken Sie die Plastikfolie darüber. Handelt es sich um ein sehr empfindliches Werk, schützt man es mit Polyestergewebe oder dünnem Schaumstoff, damit es sich durch den Druck beim Ansaugen der Luft nicht verzieht.

Verwendet man kaum schrumpfendes, nicht völlig zerstampftes Fasermaterial, zum Beispiel Linters, eignet sich die Vakuum-Technik auch bei Gußformen und leicht erhabenen Elementen, etwa kleinen «Fundstücken». Als Unterlage ist Schaumstoff ideal. Er läßt sich gut schneiden, ist wasserdurchlässig, und die Arbeit kann direkt darauf trocknen, nachdem das Vakuumverfahren abgeschlossen ist.

Man kann den Faserbrei zusätzlich mit einem Schwamm oder einer großen Schablonenbürste pressen; das gilt vor allem bei erhöhten Formen. Achten Sie darauf, daß Sie die Plastikfolie nicht beschädigen.

Pat Gentenaar-Torley: Auf dem Weg nach oben. Faserbreibild aus schichtweise gegossenem, verschiedenfarbigem Faserbrei, auf dem Vakuumtisch hergestellt; 100 x 150 cm.

*Paul Ryan:
Katalane.
Faserbrei-
Komposition;
79 x 51 cm.*

Galerie

*Judith Faerber:
Kakteen.
Von Hand
aufgetragener
Faserbrei;
61 x 51,5 cm.*

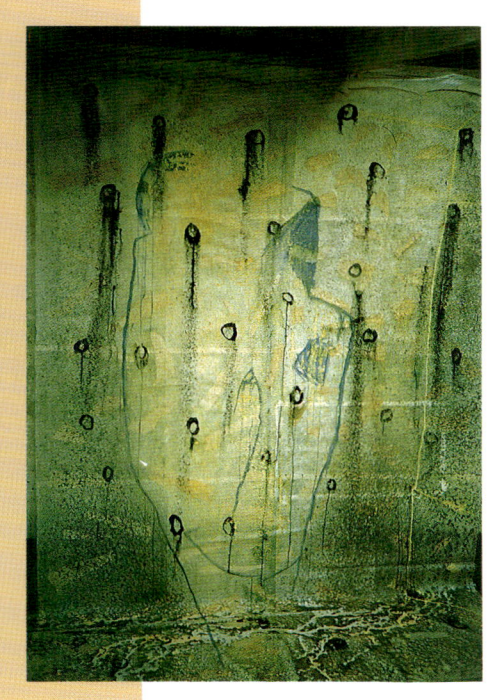

*Anne Vilsbøll:
Dynamit.
Faserbrei-
Komposition.
Handgeschöpftes
Kozopapier und
aufgesprühter
Abacá-Faserbrei;
300 x 250 cm.*

*Laurence Barker:
Ohne Titel.
Faserbreibild;
70 x 101 cm.*

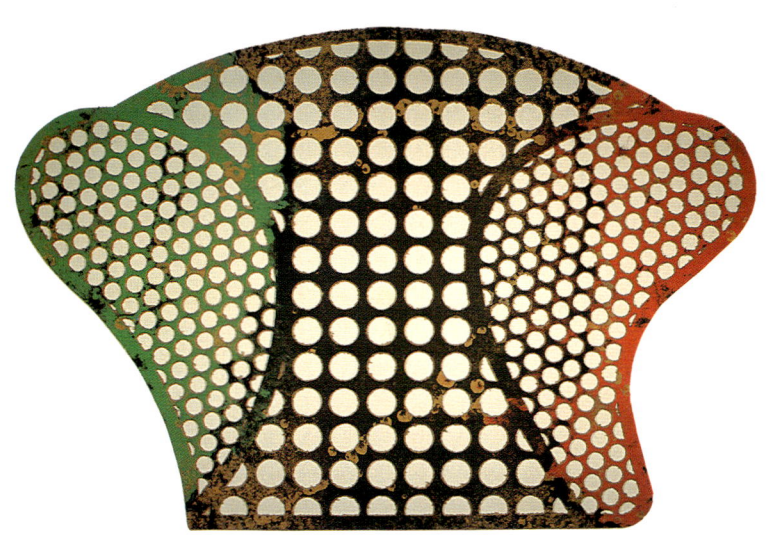

Galerie

*Julie Norris:
Schottland.
Geprägtes
Recycling-
Gampipapier, mit
Pastellfarben;
71 x 67 cm.*

*Kyoko Ibe:
Und das Meer.
Handgeschöpftes
geprägtes Papier;
180 x 180 cm.*

*Therese Weber:
O. T.
Handgeschöpftes
Papier;
65 x 75 cm.*

*Andreas von
Weizsäcker:
A Star is Born.
Handgeschöpftes
Papier mit
Wasserzeichen;
155 x 96 cm.*

*Peter Sowiski:
Giff.
Verschiedenfarbiger
Faserbrei,
schichtweise in
Formen aufgebaut;
91 x 152 cm.*

Prof. Dorothea Reese-Heim: Klangfiguren. Handgeschöpftes Papier aus Flachs- und Spargelfasern; 90 x 100 cm.

Jean Stamsta: Vogel-Porträt. Recyclingpapier, Stoff, Acryl; 132 x 143 cm.

Papier aus Rote-Bete-Scheiben; ähnlich wie Papyrus hergestellt.

KAPITEL

4

Papier-
skulpturen

*Ray Tomasso:
Bronzene
Kachel-Partie
(Kupfer-Version).
Papierguß aus
reinem
Hadernpapier.*

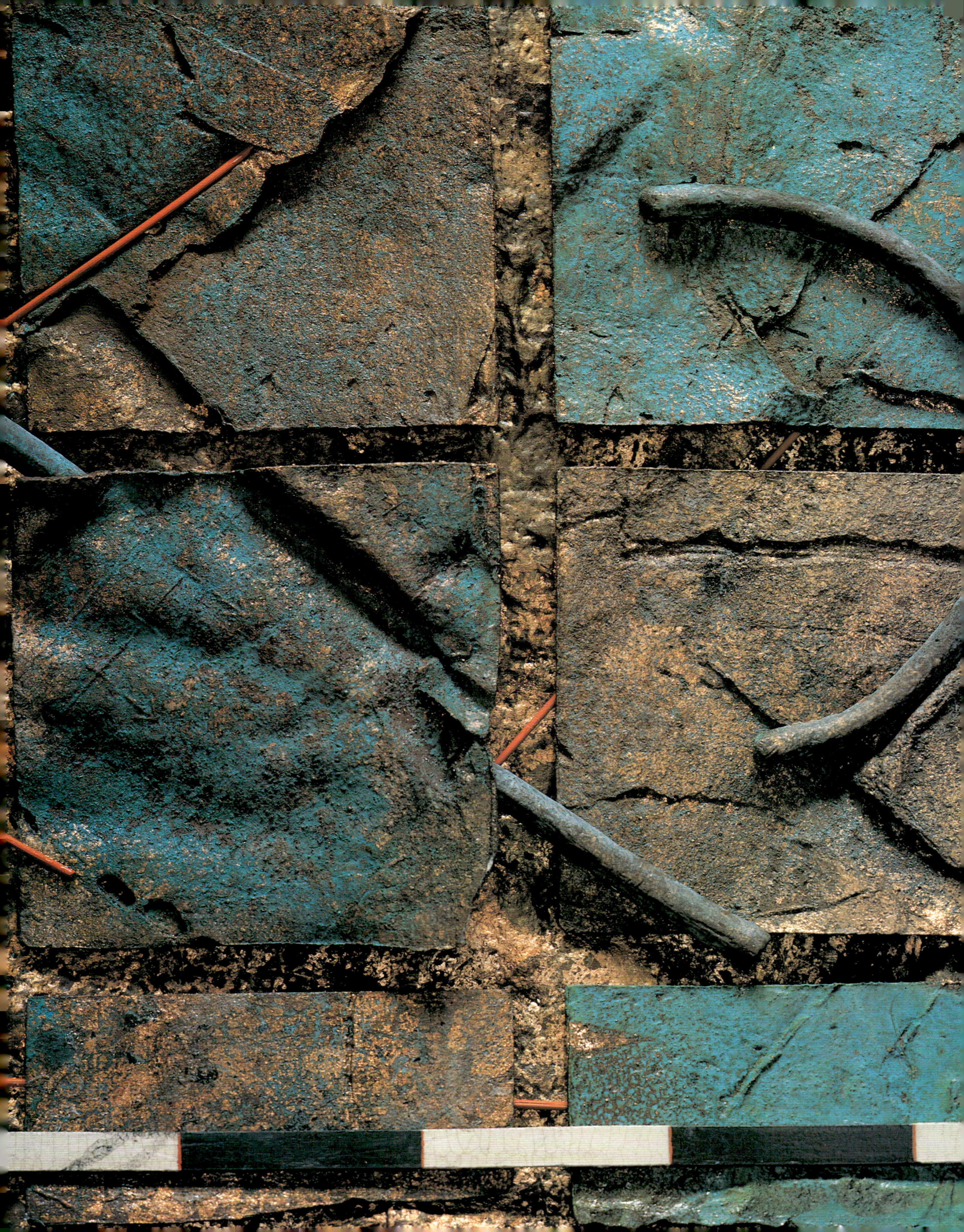

Jeanne Jaffe: Gärtner-Serie: Gebeugte Gestalt. Papierguß, von Hand mit Farbpigmenten bemalte Schichten; 71 x 155 x 122 cm.

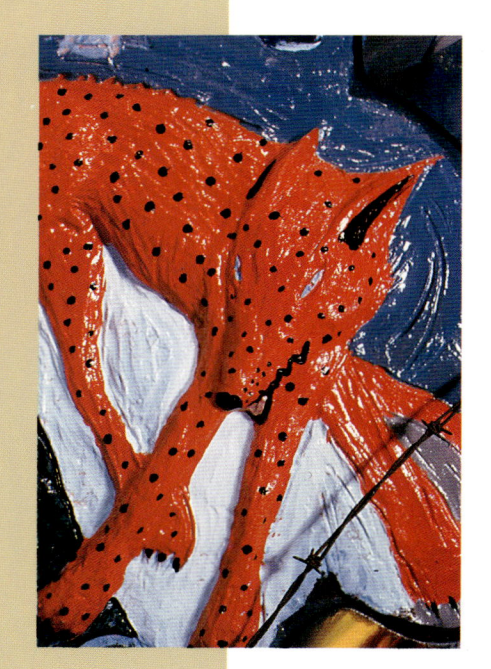

Ted Ramsay: Richtungswechsel (Ausschnitt). Glasierter Guß aus handgeschöpftem Papier und Holz; 94 x 81 cm.

Papier gießen

Eine der aufregendsten Entwicklungen in der Papierherstellung ist die Anerkennung des bildhauerischen Potentials von Papier. Da es nahezu jede Form annehmen kann und außerdem sehr leicht ist, stellt Papier ein ideales Mittel zum Schaffen dreidimensionaler Werke dar. Die Kosten sind verglichen mit den meisten anderen Bildhauermaterialien gering und die einzelnen Arbeitsschritte einfach. Daher ist Papier für viele Künstler reizvoll, und sie übertragen andere künstlerische Techniken auf die Arbeit mit Papier, etwa Gieß-Verfahren der Bildhauerei oder Töpferei.

Die Übertragung und Anpassung dieser Methoden und die bessere Kenntnis um Möglichkeiten der Aufbereitung von Fasern und der Handhabung des Papierbreis haben dazu geführt, daß unzählige, faszinierende dreidimensionale Werke geschaffen wurden.

Die meisten Papierskulpturen bestehen entweder aus gepreßtem Faserbrei oder werden schichtweise aus leicht gepreßtem Papier in einer Gips- oder Kunststofform aufgebaut. Objekte ohne Aushöhlungen, in denen sich der Faserbrei sammelt und das Papier sich nicht heraustrennen läßt, werden in einer einfachen Gipsform gegossen. Als Rundplastik gearbeitete Objekte werden abschnittweise gegossen und die einzelnen Teile nach dem Trocknen zusammengefügt. Ein Objekt mit Aushöhlungen läßt sich am besten in einer beweglichen Gummiform mit Gipsrücken herstellen.

Wichtig sind die Auswahl des Fasermaterials und die Zubereitung des Papierbreis. Bastfasern und Samenfasern haben unterschiedliche Eigenschaften, die der einen Gießtechnik angemessen sein können, einer anderen nicht. Allgemein gilt, daß ausgiebiges Stampfen, vor allem bei Bastfasern von Pflanzenstauden, zum Beispiel Flachs, stärker schrumpfendes und durchscheinenderes Papier ergibt als Faserbrei aus kurzen

PROJEKT

Eine Gußform anfertigen

1 Verwenden Sie eine beliebige vorhandene Form, oder fertigen Sie eine Form aus Modellierton an. Nehmen Sie keine Formen mit Untervertiefungen; sie erschweren das Herausnehmen der Form aus der Vorlage. Modellieren Sie die Form auf einem Resopalbrett; es kann als Untersatz dienen. Poröse Gußformen müssen imprägniert und mit einem Mittel zum Lösen der Form behandelt werden.

2 Fertigen Sie einen 5-8 cm tiefen Rahmen aus Holzleisten an, der auf die Kastenform paßt; der Rahmen bestimmt die Dicke des Gusses. Die Ecken werden mit Schrauben befestigt, so daß sich der Rahmen auseinandernehmen läßt.

SIE BRAUCHEN

- Modellierton oder beliebige vorhandene Formen (ohne Höhlungen)
- Gips zur Herstellung der Form
- Eimer zum Mischen
- Waage (zum Abwiegen der Gipsmenge)
- Sieb (zum Durchsieben des Gipses)
- Mittel zum Lösen der Form (Vaseline, Seife oder Wachs)
- Resopalplatte oder beschichtetes Furnierholz
- 4 Holzleisten
- 4 Zwingen und/oder Messingschrauben
- Silikon
- Imprägniermittel oder Leinöl
- Kleinen Pinsel

ARBEITSSCHRITTE

- Anfertigen einer Form
- Papierbogen schöpfen
- Gautschen
- Pressen

3 Imprägnieren Sie den Rahmen, und dichten Sie Rahmen und Untersatz mit Silikon ab.

4 Füllen Sie die Form zum Messen knapp randvoll mit kaltem Wasser. Gießen Sie diese Menge Wasser dann in ein Rührgefäß oder einen Plastikeimer mit Ausguß. Das Mischungsverhältnis von Gips und Wasser ist wichtig: Halten Sie sich daher genau an die Packungsanleitung. Geben Sie die abgemessene Menge Gips in das kalte Wasser. Warten Sie, bis sich das Pulver vollständig aufgelöst hat.

Fasern, etwa Linters, oder weniger lange geschlagene Fasern der gleichen Pflanzenart. Faserart, Methode der Aufbereitung und Art und Weise und Dauer des Stampfens können den jeweiligen Erfordernissen angepaßt werden.

Kurze und kaum schrumpfende Fasern eignen sich gut für Papierguß. Um die nötige Stabilität und Festigkeit zu erhalten, muß man jedoch Kleister wie etwa Methylzellulose zugeben. Lange Fasern neigen stärker zum Schrumpfen, bieten aber sehr viel mehr Möglichkeiten für den Guß. «Schrumpfproben» mit unterschiedlich aufbereiteten Fasern können beim Erzielen dreidimensionaler Effekte hilfreich sein.

Freies Spiel der Kräfte

Sicher haben Sie bereits festgestellt, daß bestimmte Fasern, vor allem während des Trocknens, stärker schrumpfen oder verziehen als andere. Auf dem Trockenboden getrocknete Papiere können Runzeln bilden, bei flach auf einem Brett getrockneten Bogen können sich Teile des Papiers lösen, bevor das ganze Blatt getrocknet ist.

Bei der Verbindung der Fasern mit Wasser werden erhebliche Kräfte in einem Blatt Papier freigesetzt. Läßt man den Bogen verlangsamt trocknen,

5 Geben Sie nach und nach das übrige Gipspulver hinzu. Warten Sie circa 20 Sekunden; stecken Sie Ihre Hand hinein, und machen Sie eine Faust. Öffnen Sie die Hand mehrmals langsam, und schließen Sie sie wieder, um die restlichen Klümpchen aufzulösen.

6 Die Mischung sollte eine dickflüssige Konsistenz haben. Rühren Sie sie nicht um, weil sich dadurch Luftblasen bilden und der Gips sich sehr schnell setzt. Kann der Gips sich langsam setzen, erhält man eine stabilere Form.

7 Gießen Sie den Gips in den Rahmen. Beginnen Sie an der tiefsten Stelle; fahren Sie fort, bis die Form vollständig gefüllt ist. Die Gipsmasse breitet sich langsam aus, so daß sich meist keine Luftblasen bilden. Reinigen Sie die Arbeitsutensilien sofort nach Gebrauch, da Gips schnell härtet und sich dann nicht mehr entfernen läßt; schütten Sie Reste nicht in den Abfluß. Während des Setzens (etwa 25–35 Minuten) erhitzt sich der Gips. Sobald er abgekühlt und gehärtet ist, lösen Sie den Rahmen und nehmen die Gipsform heraus. Säubern Sie die Form von eventuellen Gipsresten.

Winifred Lutz: Sekundäre Erscheinung (Übergangsphase). Guß aus handgeschöpftem Papier aus Flachsfasern und Paulownie-Stamm; 114 x 305 x 79-127 cm.

ist die Spannung geringer. Die meisten Trocknungsmethoden bauen auf diesem Grundsatz auf und halten das nicht erwünschte Schrumpfen in Grenzen. Andererseits kann die freie Entfaltung dieser Kräfte faszinierende Gebilde zum Ergebnis haben. Dreidimensionale Effekte, die sich beim Trocknen einstellen, lassen sich durch bestimmte Techniken beeinflussen: Man gautscht zwei unterschiedlich stark schrumpfen-

TECHNIK

Aufbau in Schichten

SIE BRAUCHEN

- Gips- oder Kastenform mit Relief-Formen
- Leicht gepreßte Papierbogen (aus kaum schrumpfenden Fasern)
- Schwamm
- Kurzen, harten Borstenpinsel
- Methylzellulose (oder Reis- oder Weizenkleister)
- Kleine Bürste
- Verlangsamt trocknende Form (wahlweise)

1 Reißen Sie einen kleinen Streifen Papier von einem leicht gepreßten Bogen; nehmen Sie dazu ein Lineal oder einen Schwamm zu Hilfe. Die federigen Ränder sorgen für eine starke, nahtlose Verbindung.

2 Bauen Sie eine Schicht aus diesen Streifen in der Form auf; achten Sie darauf, daß sich die Ränder überlappen. Verwenden Sie dazu einen kurzen, harten Borstenpinsel. Sich überlappende Ränder verbinden sich besser miteinander, so daß man einen sauberen Abdruck erhält.

3 Die fertige erste Schicht.

de Bogen aufeinander und trocknet das leicht gepreßte, zusammengegautschte Blatt im Schnellverfahren; oder man trocknet einige Stellen eines Bogens schneller als das übrige Blatt. Man kann auch in das zusammengegautschte Blatt aus stark schrumpfendem Faserbrei Fremdmaterial einschließen, das nicht aus Papier besteht, so daß der Bogen an einzelnen Stellen stärker schrumpft als an anderen.

Um einen stark schrumpfenden Papierbrei zu erhalten, ist in der Regel ein Holländer erforderlich; doch probieren Sie es für den Anfang mit leicht erhältlichem Pauspapier, es ist eine erfolgversprechende Alternative.

Pauspapier

Wiederverwertetes Pauspapier hat eine schleimige Konsistenz und tropft auf der Form nur langsam ab. Es verliert beim Wiederaufbereiten seine wachsartige, durchscheinende Beschaffenheit, schrumpft jedoch stark, wenn man den Trocknungsvorgang nicht beschleunigt.

Schichtweiser Papieraufbau

Es gibt zwei verschiedene Methoden, auf eine Form oder eine Oberfläche mit Relief Faserbrei aufzutragen: durch schichtweisen Aufbau der Bogen oder durch Gießen des Faserbreis. Beide

4 Verwenden Sie kurze, kaum schrumpfende Fasern für den Papierbrei. Streichen Sie auf die untere Schicht dünn Methylzellulose; sie sorgt für die Verbindung der Schichten und erhöht die Festigkeit.

5 Die Ränder der zweiten und aller folgenden Schichten sollten sich überlappen, so daß ein nahtloser Übergang vorhanden ist. Mehrere dünne Schichten ergeben eine stabilere Form als eine einzelne dicke Schicht. Die erste dünne Trägerschicht kann man mit einer zusätzlichen Papierlage aus billigerem oder leichter erhältlichem Material versehen. Mit jeder Schicht wird das Papier weniger durchscheinend.

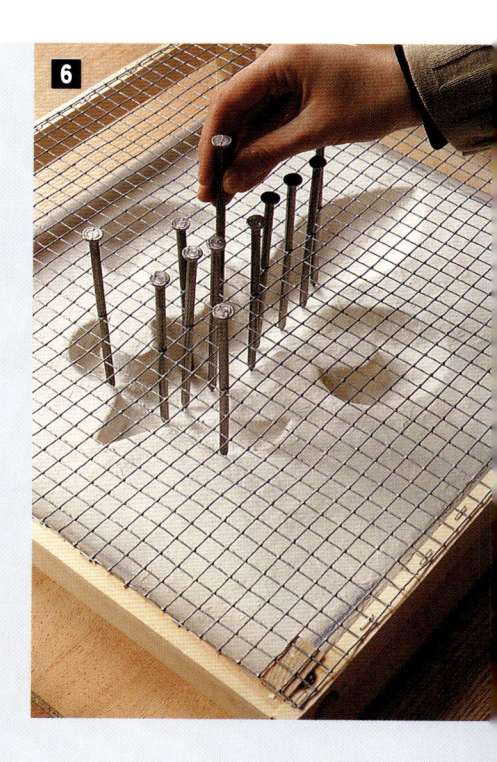

6 Papier aus stark schrumpfendem Fasermaterial muß während des Trocknens an seinem Platz gehalten werden. Nehmen Sie daher für die letzte Schicht vergleichsweise schweren, nicht schrumpfenden Papierbrei mit Methylzellulose; oder verwenden Sie zum Beschweren eine dünne Gipsplatte oder nicht rostende Gewichte.

Lillian A. Bell: Unter dem Tisch: von der Metapher besiegt. Papierguß; 46 x 69 x 53 cm.

Verfahren eignen sich sowohl für Gips als auch für beliebige andere Formen.

Der schichtweise Aufbau erfolgt am besten mit frisch gegautschten, leicht gepreßten Bogen. Dazu werden einzelne Papierstreifen so in die Form gelegt, daß sich die Ränder überlappen und nahtlose Übergänge bilden. Man kann so dünnes, leichtes und zugleich festes Material schöpfen, das von durchschei-

7 Lassen Sie das Papier in der Form trocknen. Der Gips absorbiert ein wenig von dem Wasser und verkürzt so die Trocknungsdauer. In Schichten aufgebautes Papier trocknet meist schnell, allerdings hängt dies von der Anzahl der Schichten sowie von der Raumtemperatur ab. Ein Ventilator kann den Trocknungsvorgang beschleunigen.

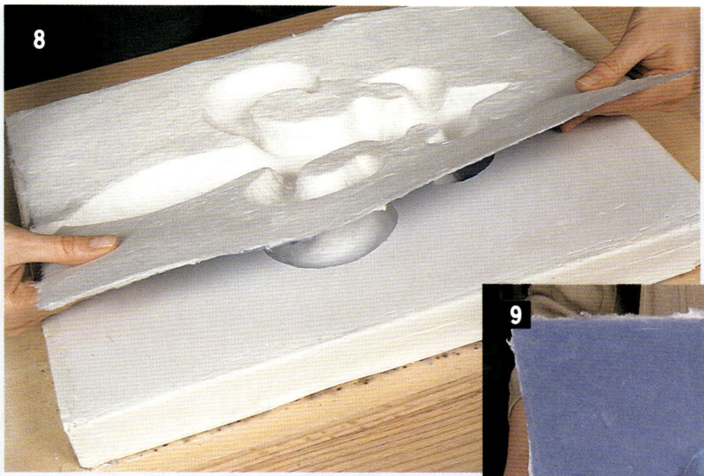

8 Wenn das Papier völlig trocken ist, lösen Sie es mit einem scharfen Messer aus der Form.

9 Nehmen Sie das Papier vorsichtig aus der Form.

nend bis nicht durchscheinend variieren kann.

Faserbrei gießen

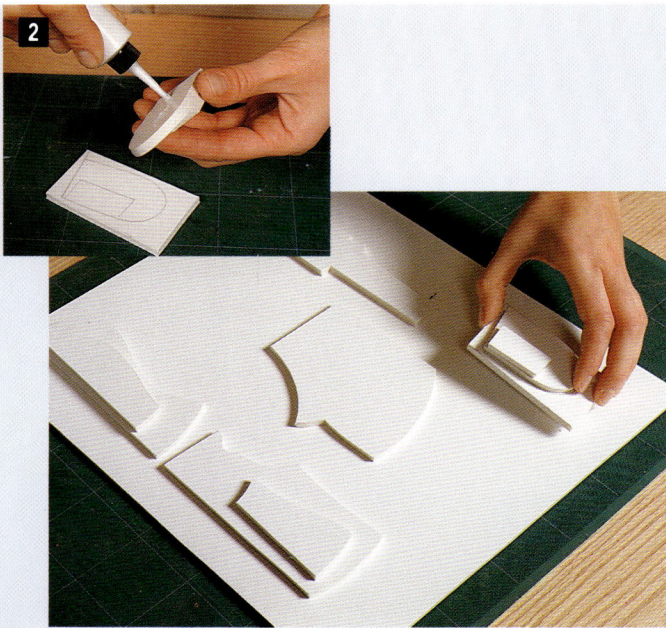

Für diese Methode benötigt man im allgemeinen große Mengen Faserbrei, der durchgesiebt wird; man erhält dickeres, weniger durchscheinendes Papier als beim schichtweisen Papieraufbau. Man verwendet kurzes, kaum schrumpfendes Fasermaterial (Linters) für den Papierbrei. Damit das fertige Papier größere Festigkeit aufweist, wird dem Faserbrei meist Methylzellulose hinzugefügt (s. S. 27). Wie beim schichtweisen Aufbau kann man für diese Technik alle nur denkbaren Formen mit Relief verwenden, einschließlich in der Natur anzutreffender Formen. Sie können die gleiche Form mit Rahmen wie für die Herstellung der Gipsform verwenden (s. S. 101) und als Untersatz nehmen. Aus Karton läßt sich schnell und einfach eine Form mit Relief schneiden. Einige Materialien wie Holz müssen vorher imprägniert werden, damit das Papiervlies während des Trocknens keine Flecken bekommt.

Ein aus ungefärbtem Faserbrei gegossenes Relief können Sie nach dem Trocknen und nach dem Herausnehmen aus der Form bemalen. Sie können auch mit Faserbrei in verschiedenen

TECHNIK

Faserbrei gießen

SIE BRAUCHEN
- *Kastenform mit Rahmen*
- *Karton*
- *(Kaum schrumpfenden) Faserbrei*
- *Kleber (Silikon)*
- *Sieb*
- *Schwamm*
- *Seihtuch oder Musselin (wahlweise)*
- *Methylzellulose*

ARBEITSSCHRITTE
- *Anfertigen der Kastenform*

1 Schneiden Sie die Elemente aus, die das Relief ergeben.

2 Arrangieren Sie die Teile, und kleben Sie sie zusammen.

3 Legen Sie das Relief in den Rahmen.

Farben arbeiten und ganz zum Schluß Einschließungen vornehmen.

Bei gegossenem Faserbrei ist die Verbindung der Fasern nicht so stark wie bei schichtweise aufgebautem Papier. Der Faserbrei wird zwar mit dem Schwamm zu einer kompakten Masse zusammengedrückt, trotzdem sollte man der höheren Festigkeit halber dem Papierbrei Methylzellulose zugeben.

Nancy Thayer: Tempelbild. Papierguß mit Acrylfarbe; 145 x 109 cm.

4 Schütten Sie den Faserbrei in ein Sieb; er sollte eine apfelmusähnliche Konsistenz haben. Sie benötigen für dieses Verfahren eine große Menge Faserbrei; bereiten Sie daher lieber zuviel als zuwenig zu.

5 Geben Sie eine Handvoll Faserbrei in die Form, und klopfen Sie ihn fest.

6 Füllen Sie den restlichen Faserbrei nach und nach in die Form, und streichen Sie ihn sorgfältig über die Ränder des Reliefs. Gehen Sie dabei kontinuierlich in einer Richtung vor. Bauen Sie eine etwa 2,5–3,5 cm hohe Schicht auf. Stechen Sie mit einem spitzen Werkzeug in Luftblasen, die sich möglicherweise gebildet haben.

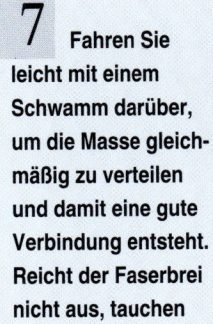

7 Fahren Sie leicht mit einem Schwamm darüber, um die Masse gleichmäßig zu verteilen und damit eine gute Verbindung entsteht. Reicht der Faserbrei nicht aus, tauchen Sie einige Seihtuch- oder Musselinstücke in Methylzellulose, und legen Sie sie zwischen etwa 12 mm hohe Schichten aus Faserbrei.

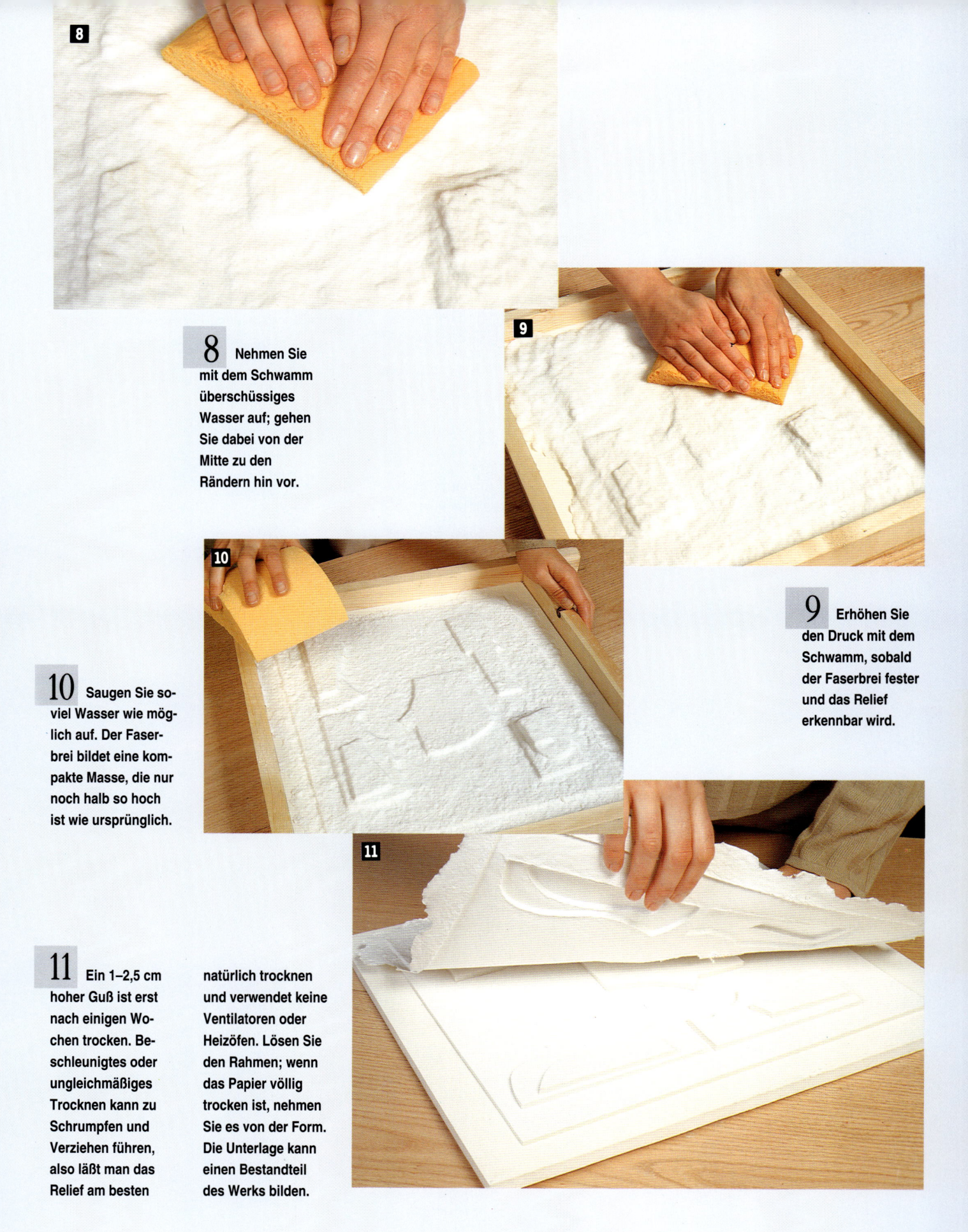

8 Nehmen Sie mit dem Schwamm überschüssiges Wasser auf; gehen Sie dabei von der Mitte zu den Rändern hin vor.

9 Erhöhen Sie den Druck mit dem Schwamm, sobald der Faserbrei fester und das Relief erkennbar wird.

10 Saugen Sie soviel Wasser wie möglich auf. Der Faserbrei bildet eine kompakte Masse, die nur noch halb so hoch ist wie ursprünglich.

11 Ein 1–2,5 cm hoher Guß ist erst nach einigen Wochen trocken. Beschleunigtes oder ungleichmäßiges Trocknen kann zu Schrumpfen und Verziehen führen, also läßt man das Relief am besten natürlich trocknen und verwendet keine Ventilatoren oder Heizöfen. Lösen Sie den Rahmen; wenn das Papier völlig trocken ist, nehmen Sie es von der Form. Die Unterlage kann einen Bestandteil des Werks bilden.

PROJEKT

«Eigendynamische» Formen

SIE BRAUCHEN
- *Stark schrumpfenden Faserbrei (recyceltes Pauspapier)*
- *Einschließungen: dünne Messingdrähte (im Fachhandel erhältlich)*
- *Form und Deckel*
- *Gautschtücher*
- *Bretter zum Pressen*

ARBEITSCHRITTE
- *Papierbogen schöpfen*
- *Gautschen*
- *Einschließen*
- *Zusammengautschen*
- *Pressen*

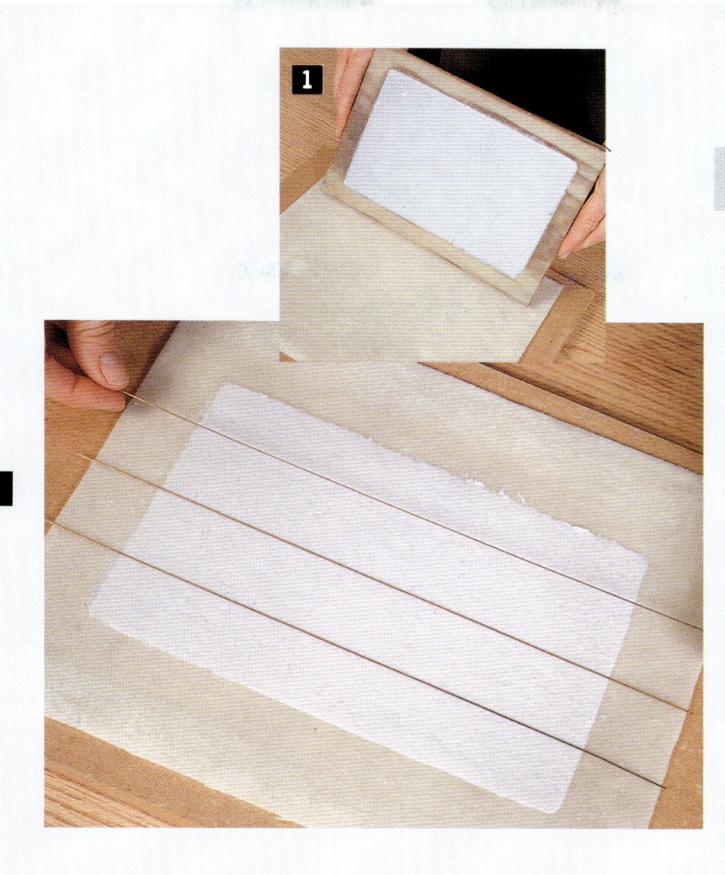

1 Gautschen Sie einen Bogen ab, und ordnen Sie mehrere dünne Messingdrähte darauf an. Variieren Sie die Anordnung, und experimentieren Sie mit verschiedenen Materialien, zum Beispiel Plastikstreifen, dünnen Holzstäben oder Baumwoll- oder Leinengewebe. Es hängt von der Festigkeit oder Flexibilität der Einschlüsse ab, wie stark sich das Papier beim Trocknen verzieht.

2 Gautschen Sie einen zweiten Bogen auf die Drähte und den ersten Bogen. Nach dem Pressen nehmen Sie den Bogen vom Filz und legen ihn zum Trocknen auf eine Unterlage. Das Papier muß langsam trocknen; rollen oder bürsten Sie es daher nicht.

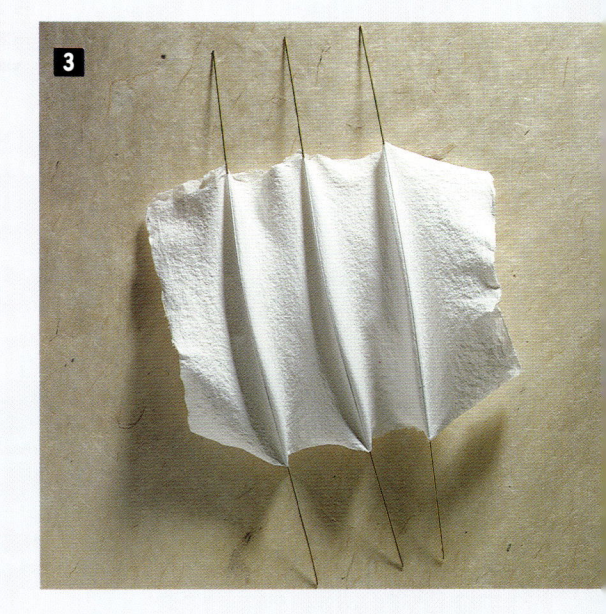

3 Das Papier schrumpft während des Trocknens, die Drähte hingegen nicht; welche «eigendynamische» Form sich ergibt, hängt davon ab, wie stark das Papier zwischen den Einschließungen schrumpft, wie elastisch die Einschlüsse sind und wie sie arrangiert wurden.

Galerie

*Jody Williams:
Entfliehende
Depressionen.
Papierguß;
38 x 51 cm.*

*Cathrine Schei:
Schnitt IV und V.
Papierguß;
je 30 x 60 cm.*

*Lillian A. Bell:
Drehtürpolitik.
Papierguß,
verschiedene
Elemente; 150 x
112 x 66 cm.*

*Ted Ramsay:
Lebensstrategie II.
Glasierter
Papierguß, Holz;
117 x 117 cm.*

*Josephine Tabbert:
Papierarchitektur
(Ausschnitt). Hand-
geschöpftes
Papier;
16 x 40 cm.*

*Jeanne Jaffe:
Totem-Serie - Die
drei Musen.
Papierguß mit
Ölgrundierung und
Gouachefarbe;
208 x 213 x 46 cm.*

*Donna Koretsky:
Um diese Linien
herum.
Ungebleichte
Flachsfasern, auf
zusammenlegbare
Gummiformen
aufgetragen;
18 x 213 x 18 cm.*

*Helmut Becker:
Baumhäute:
Totem-Turm,
Totem-Knoten,
Totem-Wurzeln.
Aus Flachsfaser-
brei gesprühter
Guß.*

KAPITEL

5

Anwendungs-
bereiche

*Guy Houdin:
Patak denkt an
Paul. Gewebte
Fäden aus
bemaltem und
geflochtenem
braunem
Packpapier.*

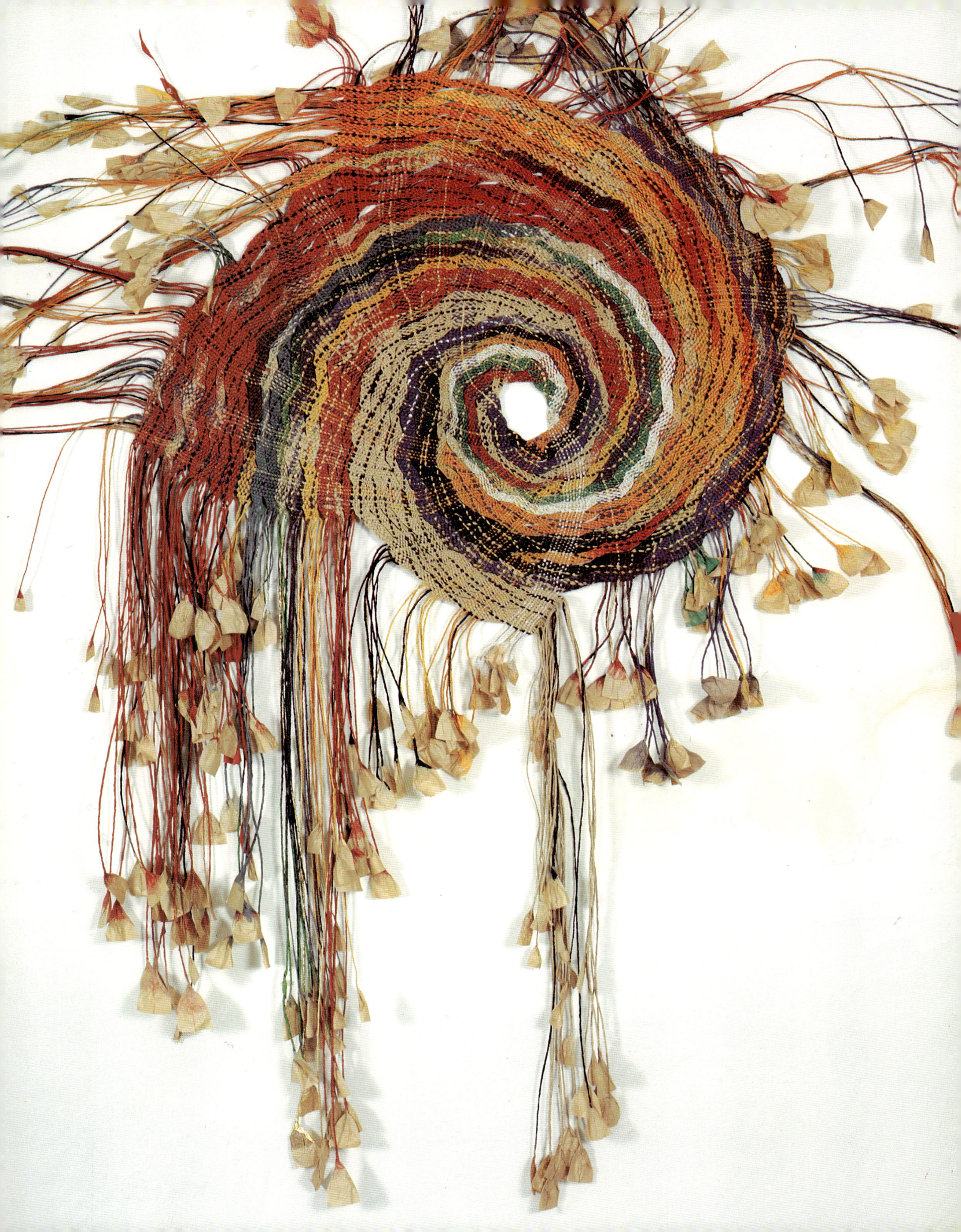

*Vito Capone:
Libro-
Sovrapposizioni.
Buch-Objekt aus
«gemeißeltem»
Baumwollpapier;
20 x 24 x 12 cm.*

*Bücher mit
unterschiedlichem
Format und
Umfang,
unterschiedlicher
Bindung und
dekorativen
Einbänden.*

Papier und Buch

Lange vor der Erfindung des Papiers, als verschiedene Schreibsysteme die Tradition der mündlichen Überlieferung ablösten, dienten «Bücher» dazu, wichtige Ereignisse, Bräuche, Gesetzesvorschriften, religiöse Mythen und Rituale festzuhalten.

«Bücher» aus Ton

Tontafeln und Papyrusrollen sind die ersten, bis heute erhaltenen Vorläufer des Buches, wie wir es kennen. Tontafeln verschiedener Form und Größe waren fast 3000 Jahre lang das wichtigste Kommunikationsmittel in Mesopotamien. Der Ton wurde beschrieben, solange er noch feucht und weich war, und zur Haltbarmachung in der Sonne getrocknet oder im Brennofen gebrannt. Die Tafeln ließen sich zwar nicht binden, doch bestanden die «Bücher» aus mehreren Tafeln mitsamt Titel, Seitenzahl und Inhaltsverzeichnis. Um die Tontafeln dauerhaft zu machen, wurden sie oft zusätzlich mit «Deckeleinbänden» aus Ton versehen.

«Schmetterlings-Bücher»

Bei den ersten chinesischen Büchern handelte es sich um dünne Bambus- oder Holzstreifen, die mit Schnüren zusammengehalten wurden. Später ersetzte man sie durch Seidenrollen, schließlich durch Papierrollen. Es gab verschiedene Methoden, das unpraktische Aufrollen der Rolle, wenn man einen bestimmten Textabschnitt lesen wollte, zu vermeiden. Oft ließ sich die mit einem Einband versehene Rolle wie ein Akkordeon auffalten; dabei waren teils nur die erste und die letzte Seite gebunden, so daß der Buchblock aus dem Einband herausflattern konnte (sogenannte «Flatterbücher»). Weil die Falze leicht einrissen, ging man später dazu über, die einzelnen Papierbogen mit der Schrift nach innen zu falten, sie zum Binden aufeinanderzulegen und

PROJEKT

Einlagiges Buch

SIE BRAUCHEN

- Eine Auswahl an Papieren (vorzugsweise handgeschöpftes): relativ dünnes für die Buchlage, dickeres für den Umschlag.
- Bleistift
- Lineal
- Zeichendreieck aus Metall
- Schneidebrett
- Skalpell oder scharfes Messer
- Nadel mit kleinem Öhr (passend für den Faden)
- festen Faden (am besten Leinen)
- Ahle
- Schere
- Falzbein
- Großen Briefklemmer

1 Nehmen Sie die Bogen, und falten Sie sie einzeln in der Mitte; die Fasern sollten parallel zum Falz laufen (s. S. 120). Mit dem Falzbein streichen Sie die Falze leicht nieder.

2 Stecken Sie die gefalteten Bogen zu einer Lage ineinander. Der obere Rand ist die «Oberkante», der untere die «Unterkante», die geschlossene Seite ist der «Rücken», die offene die «Vorderkante».

3 Der Umschlag sollte an Oberkante und Unterkante jeweils etwa 3 mm und an der Vorderkante circa 8 mm überstehen. Damit bleiben an den Vorderkanten jeweils etwa 3 mm Platz, wenn der Umschlag um die Buchlage gelegt wird. Sind die Papierbogen gleich groß wie der Umschlag, beschneiden Sie sie vor dem Falten ein wenig. Soll der Büttenrand der Blätter jedoch erhalten bleiben, nehmen Sie einen größeren Umschlag und schneiden ihn wie beschrieben bis auf den 3 mm-Überstand ab. Verwenden Sie ein Zeichendreieck aus Metall für die rechten Winkel und ein Lineal zum Abmessen der parallelen Kanten von Ober- und Unterkante und Vorderkante und Rücken. Achten Sie auf die Faserrichtung.

4 Falten Sie den Umschlag in Faserrichtung in der Mitte mit dem Falzbein. Drücken Sie das Papier nicht zu fest, es könnte Schaden nehmen. Legen Sie die Buchlage so in den Umschlag, daß sich oben und unter gleichmäßige Kanten ergeben.

sie dann an den Falzen zusammenzukleben, so daß die Seiten beim Umblättern abstanden wie Schmetterlingsflügel. Das war der Übergang von Rollenformaten und Leporellos hin zu neuen Buchformen, für die Bände aus Pergament und Velin als Beispiele stehen.

Japanische Bücher

Die Japaner haben die meisten Verfahren der Buchherstellung aus China übernommen. Rollen, Leporellos, Alben und «Schmetterlings-Bücher» beruhen auf den chinesischen Vorbildern. Die Fadenheftung mehrbogiger Bücher *(retchoso)*, die der Bindung mehrbogiger gefalzter Bücher im Westen merkwürdig ähnlich war und im 11. und 12. Jahrhundert entwickelt wurde, war jedoch auf Japan beschränkt. Mehrere Bogen Papier wurden zu einem Rohblock gestapelt, in der Mitte gefaltet und anschließend durch Löcher im mittleren Buchfalz zusammengeheftet.

Die Japanische «Taschenbindung»

Heute weisen typisch orientalische Bücher die japanische Bindung auf; diese Methode verdrängte andere Buchbindeverfahren in China und Japan in der Edo-Periode (1603-1868). Ein Buch mit japanischer Bindung *(fukuro tojí)* besteht aus in der Mitte gefalteten Bogen, die an der dem Falz gegenüber-

5 Klappen Sie das Buch in der Mitte auf, und markieren Sie die Mitte des Falzes dünn mit Bleistift.

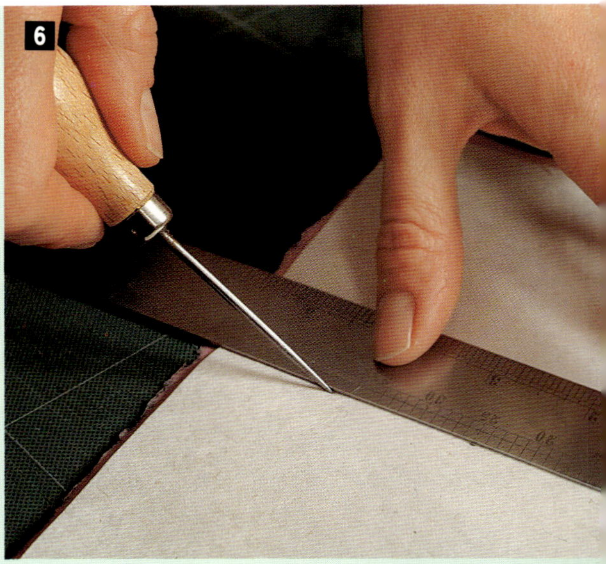

6 Markieren Sie zwei weitere Punkte, ca. 2,5 cm vom oberen und unteren Rand entfernt. Achten Sie darauf, daß die Bogen exakt aufeinanderliegen; dann stechen Sie mit der Ahle durch die drei Punkte Löcher in Bogen und Umschlag.

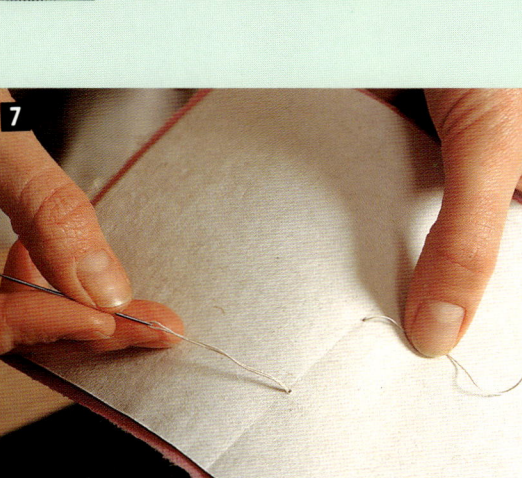

7 Schneiden Sie ein Stück Faden ab (etwa zweieinhalbmal so lang wie der Abstand zwischen den Löchern), und fädeln Sie ihn ein. Halten Sie Umschlag und Buchlage so, daß die Bogen nicht verrutschen. Beginnen Sie innen im mittleren Loch; halten Sie das Fadenende mit dem Daumen fest. Führen Sie die Nadel von unten durch das obere oder untere Loch zurück.

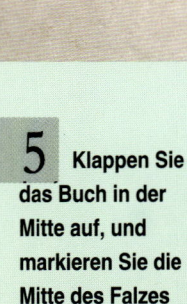

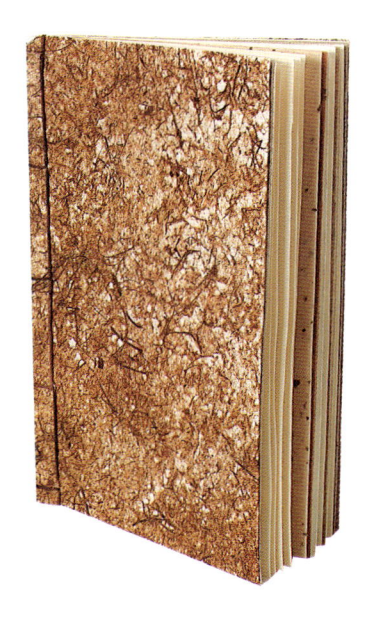

Kathy Crump: Weißköpfige Seeadler in Ventana. Orientalische Bindung mit handgeschöpften Umschlägen aus Philodendronfasern auf Abacá (links); Musterseiten (unten).

liegenden Kante zusammengeheftet werden. Die einzelne Seite bildet somit eine oben und unten offene Tasche. Daher werden statt vier jeweils nur zwei Seiten beschrieben oder bedruckt. Man kann dünnen Karton in die «Tasche» legen, um zu vermeiden, daß Tinten auf Wasserbasis auf die andere Seite des gefalteten Papiers ausbluten. Die meisten dieser Bücher haben eine schlichte Heftung mit vier Löchern und gerader Fadenführung auf dem Buchrücken; es

8 Übergehen Sie das mittlere Loch, und stechen Sie durch das letzte Loch.

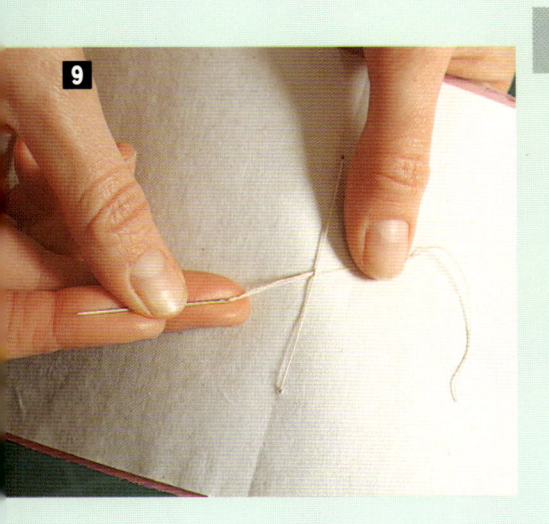

9 Stechen Sie dann durch das mittlere Loch wieder ein, so daß sich die beiden Fadenenden in der Mitte treffen.

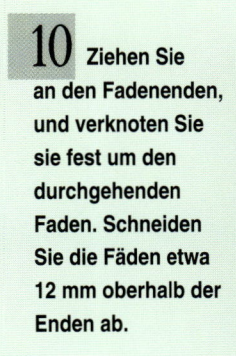

10 Ziehen Sie an den Fadenenden, und verknoten Sie sie fest um den durchgehenden Faden. Schneiden Sie die Fäden etwa 12 mm oberhalb der Enden ab.

11 Sie können mit dem Nähen auch an der Buchaußenseite beginnen. In dem Fall werden die Fadenenden auf dem Rücken verknotet; der Faden bildet ein Schmuckelement.

gibt sie jedoch auch mit kunstvollen Heftmustern als besondere Dekoration. Anders als die traditionellen westlichen Bücher haben die japanischen Bücher mit «Taschenbindung» meist einen flexiblen Einband.

Das Kunstobjekt Buch

Das Buch stand stets in hohem Ansehen, weil es zur Wissensvermittlung diente und als Symbol der Wahrheit galt. Doch es war ebenso gefürchtet

Dianne L. Reeves: Anlaß für Schlichtung eines Streits (Vorder- und Rückansicht). Handgeschöpftes Papier aus gefärbtem Sisal, mit Gräten, Schuppen und Gehäusen; 63 x 32 x 40 cm.

PROJEKT

Japanische «Taschenbindung»

2 Die gefalteten Kanten müssen genau aufeinanderliegen; stoßen Sie sie auf einer flachen Unterlage auf.

1 Falten Sie die Blätter mit dem Falzbein einzeln in der Mitte; die Fasern müssen parallel zum Falz laufen. Dann legen Sie die Bogen mit der gefalteten Kante aufeinander.

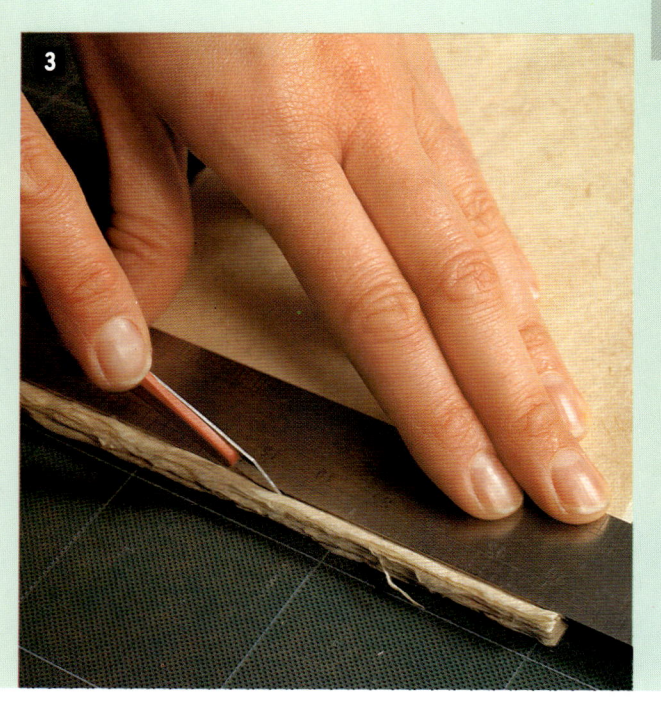

3 Zum Beschneiden des Büttenrands legen Sie den Block auf eine Schneideunterlage. Mit Hilfe von Lineal und scharfem Messer schneiden Sie die Kanten im rechten Winkel zur gefalteten Vorderkante ab. Beschweren Sie die Bogen mit einem Gewicht, damit sie nicht verrutschen. Markieren Sie die Löcher zum Binden.

und wurde geschmäht, so manches Buch wurde verbrannt, versenkt, zensiert oder verboten. Das äußere Erscheinungsbild des Buches hat sich im Laufe der Jahrhunderte gewandelt, aber seine eigentliche Form blieb lange unverändert.

In jüngster Zeit haben Künstler den Begriff «Buch» jedoch erweitert. Stehen die visuellen und taktilen Qualitäten des Buchs mehr im Vordergrund als der Inhalt, so handelt es sich um eine Skulptur. Das Buch kann ein Spiel, ein Spielzeug, ein Vehikel zur Vermittlung einer Idee sein. Typographie und Aufmachung können bis zur Unleserlichkeit entstellt werden, ja man kann es sogar «geschlossen» halten. Dank bestimmter Techniken der Papierindustrie kann es in ein «Pop-up»-Gebilde oder ein «musikalisches» Buch verwandelt werden. Die Bedeutung eines Wortes, seine Typographie und die Form des Buches können eine Einheit bilden –

4 Führen Sie das Messer senkrecht am Lineal entlang; schneiden Sie jeweils 1 oder 2 Seiten auf einmal. Messen Sie die rechten Winkel und den Abstand zwischen Rücken und Vorderkante, um sicherzustellen, daß sie parallel sind; dann schneiden Sie den Rücken.

5 Markieren Sie zwei Löcher im Abstand von 1 cm vom Rücken und 1,5 cm von der Ober- und Unterkante.

6 Teilen Sie den Abstand zwischen diesen beiden Punkten in drei gleich große Abschnitte. Stechen Sie mit der Ahle die vier Löcher durch den Buchblock.

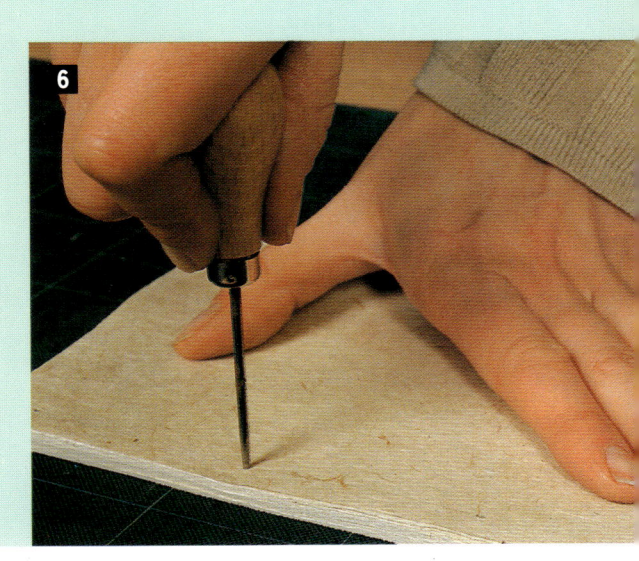

der Einband kann aber auch den Inhalt Lügen strafen.

Bücher selbst binden

Die Techniken der Buchherstellung und die Verfahren, ein Buch zu verzieren und mit Texten und Bildern zu bedrucken, wurden im 16. Jahrhundert weiterentwickelt. Jeder einzelne Arbeitsvorgang in der traditionellen Buchherstellung war jedoch die Sache von Spezialisten, teils war das Wissen sogar geschützt. Erst mit dem Aufbau privater Pressen Ende des 19. Jahrhunderts erfolgten die Papierherstellung, das Drucken und Binden in einem. Heutzutage haben neue Techniken und die Ausweitung der Drucktechnologie dazu geführt, daß die Arbeitsschritte bei handgemachten Büchern kein «Handwerker-Geheimnis» mehr sind und daß jeder selbst Bücher herstellen kann – aus nahezu jedem Material.

In diesem Kapitel stellen wir zwei einfache Buchbindeverfahren vor, die geringen Näh- und Materialaufwand erfordern. Sie können beliebige, nur nicht zu dicke Papiere verwenden. Das Format Ihres Buchs hängt von der Form, der Größe und der Laufrichtung der Fasern im verwendeten Papier ab.

Feststellen der Laufrichtung

Bevor Sie mit dem Binden beginnen – auch wenn Sie nur probehalber einen

7 Schneiden Sie zwei Blätter für den Bucheinband zu; falten Sie sie in der Mitte. Wenn Sie sie zusammen mit den Buchseiten falten und schneiden, passen sie exakt. Die Laufrichtung der Fasern von Umschlag und Buchlage müssen übereinstimmen. Nehmen Sie eine der Buchseiten als Schablone, bringen Sie die Kanten in eine Linie, und markieren Sie beide Buchdeckel mit übereinstimmenden Punkten. Die Löcher in Buchblock und Einband sollten so groß sein, daß Nadel und Faden dreimal hindurchgeführt werden können.

8 Legen Sie die Umschläge um den Buchblock. Auf Vorder- und Rückseite werden mit einem großen Briefklemmer zwei kleine Streifen Karton geklemmt; so verrutschen Buchblock und Deckeleinbände beim Nähen nicht.

9 Um eine dekorative Heftung zu erhalten, nehmen Sie farbiges Seiden- oder Stickgarn und heften damit das Buch zusammen. Der Faden sollte dreieinhalbmal so lang sein wie das Buch. Beginnen Sie an einem Ende, und fahren Sie im Stielstich bis zum anderen Ende fort. Halten Sie das Fadenende beim Nähen mit der Hand auf einer Seite des Buchs fest.

Bogen falten, um verschiedene Seitengrößen herauszufinden, oder versuchsweise einen Einband um das Buch legen –, müssen Sie die Faserausrichtung des Papiers bestimmen.

Die Laufrichtung gibt Aufschluß darüber, wie die Fasern im Papier ausgerichtet sind, ähnlich wie die Maserung bei Hölzern. Viele behaupten zwar, europäische Papiere hätten keine Faserausrichtung, aber es ist praktisch unmöglich, Papier herzustellen, in dem die Fasern gleichmäßig in alle Richtungen laufen. Die Laufrichtung läßt sich anhand der folgenden Merkmale bestimmen:

- Ein Bogen reißt in Laufrichtung der Fasern leichter als quer zur Laufrichtung.
- Ein Bogen läßt sich in Laufrichtung der Fasern leichter falten als quer zur Laufrichtung.
- Papier schrumpft und dehnt sich in Laufrichtung der Fasern weniger stark aus. Wenn es auf einer Seite mit Feuchtigkeit in Berührung kommt, wellt es sich so, daß die Wellenberge und -täler parallel zur Laufrichtung der Fasern verlaufen. Läßt man die Laufrichtung der Fasern außer acht, kann es zu Problemen beim Beschreiben kommen oder ein Buch läßt sich nicht ganz aufschlagen. Bei allen Bindeverfahren müssen die Fasern der verwendeten Papiere stets in eine Richtung und parallel zum Buchrücken laufen.

10 Beim letzten Loch führen Sie den Faden um die Buchkante herum und stechen von der anderen Seite durch dasselbe Loch.

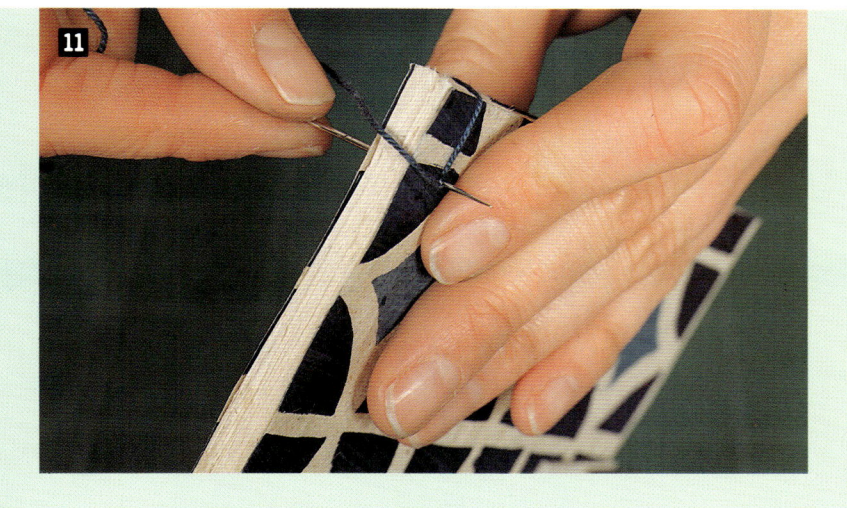

11 Dann führen Sie die Nadel über den Rücken und stechen noch einmal durch dasselbe Loch. Nähen Sie im Stielstich bis zum anderen Ende, wobei Sie den Faden bei jedem Loch über den Rücken führen. Sie enden im selben Loch, in dem Sie begonnen haben.

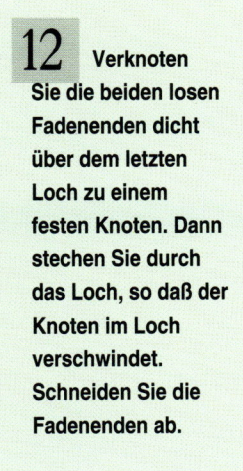

12 Verknoten Sie die beiden losen Fadenenden dicht über dem letzten Loch zu einem festen Knoten. Dann stechen Sie durch das Loch, so daß der Knoten im Loch verschwindet. Schneiden Sie die Fadenenden ab.

Gewebter Obi von Sadako Sakurai, einer der letzten Shiroishi Shifu-Weberinnen in Japan. Nach dem Spinnen werden die Papierfäden gefärbt und zusammen mit einem Seiden- oder Baumwollfaden gewebt.

Papier und Textilien

Kinujifu-Kimono von Sadako Sakurai. Es erfordert mehrere Wochen, um genügend Material für einen einzelnen Kimono herzustellen.

In Japan wird Papier sogar zur Herstellung von Kleidung verwendet. Die ersten Kleidungsstücke aus Papier wurden im 10. Jahrhundert von buddhistischen Mönchen angefertigt, sogenannte *kamiko* (von *kami*, Papier, und *koromo*, Mönchsgewand). Noch heute tragen die buddhistischen Mönche bei feierlichen Zeremonien im Todai-ji-Tempel in Nara solche Gewänder.

Kamiko besteht aus Kozopapier, das mit einer pflanzlichen Stärke, *konnyaku*, behandelt wird. Dadurch wird das Papier fest, geschmeidig und wasserbeständig. Die Bogen werden zu Tuchlängen aneinandergeklebt, zugeschnitten und dann zusammengenäht. Kamiko wurde zu Mänteln und Jacken, zu Westen und Unterwäsche verarbeitet. Es war wegen seiner Wärme im Winter hochgeschätzt und vor allem bei Ärmeren als Bekleidung beliebt. Die Reichen dagegen trugen als Alltagskleidung sowie zu feierlichen Anlässen gefärbte, gemusterte und bestickte Kamikokleidung von großer Eleganz. Außerdem wurden Kissen und Decken für den Hausgebrauch aus Kamiko hergestellt.

Gewebtes Papiertuch

Im Gegensatz zum ungewebten Kamiko wird das als *shifu* (von *shi*, Papier, und *fu*, gewebtes Tuch) bekannte Tuch aus Papier durch Weben gezwirnter Papierstreifen erzeugt. Die japanische Papierwebekunst wird 1638 erstmals erwähnt. Sie geht auf Bauersfrauen und Weber zurück, die eine Technik zum Herstellen der Papierfäden entwickelten. Die Papierfäden wurden gefärbt und bildeten den Schuß, während meist Baumwolle für die Kette diente. Weitere Formen des «Shifu» sind *kinujifu* (aus Papier als Schuß und Seide als Kette), *asajifu* (aus Papier als Schuß und Leinen als Kette), *morojifu* (aus Papier als Schuß und als Kette) und *chirimenjifu* (kreppähnliches Tuch).

PROJEKT

Shifu

SIE BRAUCHEN
- Handgeschöpfte oder gesammelte Papiere
- Bleistift
- Lineal
- Schneidebrett
- Skalpell oder scharfes Messer
- Baumwoll-Handtuch
- Fadenaufwickler (oder Spinnrad)

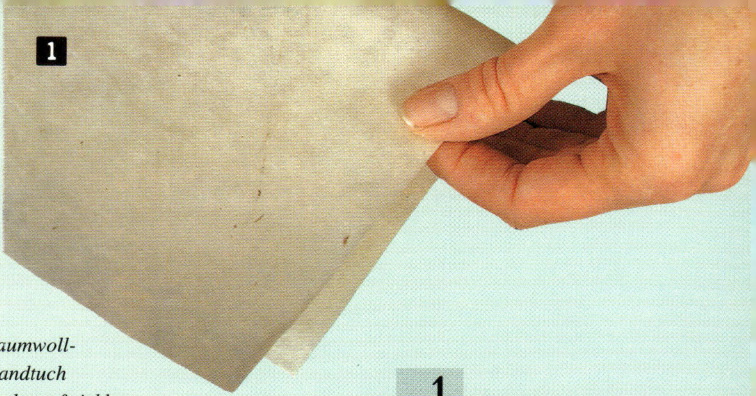

1 Falten Sie einen Bogen quer zur Laufrichtung der Fasern. Sie stellen die Laufrichtung fest, indem Sie einen Bogen längs und quer einreißen; in Laufrichtung der Fasern reißt das Papier leichter.

2 Falten Sie die beiden Kanten in entgegengesetzter Richtung so, daß sie den ersten Falz um etwa 2 cm überlappen und ein «W» bilden. Sie können mehrere Bogen gleichzeitig nach diesem Prinzip falten.

3 Legen Sie das gefaltete Papier auf ein Schneidebrett. Unterteilen Sie den Bogen in 6 mm schmale Streifen.

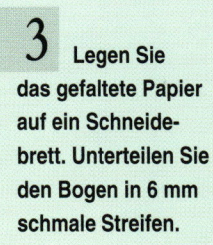

4 Schneiden Sie von den beiden Falzen zur Papierkante; achten Sie darauf, daß Sie den inneren Falz durchschneiden, aber nicht über ihn hinaus schneiden (etwa 2 cm Rand lassen). Falten Sie das Papier auf, und überprüfen Sie es.

5 Breiten Sie das Papier aus, und legen Sie es auf ein nasses Handtuch. Packen Sie das Papier in das Handtuch und legen Sie es in eine Plastiktüte. Lassen Sie es 7-8 Stunden oder über Nacht liegen. Man kann mehrere Bogen gleichzeitig einwickeln.

123

In der Edo-Periode bereiteten Bauers- und Fischerfrauen gebrauchtes Kozopapier wieder auf und stellten daraus Arbeitskleidung her. In der Stadt Shiroishi wurde von Familienmitgliedern der Samurais feines Shifutuch, das als genauso wertvoll wie Seide galt, für den japanischen Adel angefertigt und als Geschenk hochrangigen Würdenträgern überreicht. Zu den traditionellen Shifu-Kleidungsstücken zählen Kimono, Haori (eine kurze Jacke) und Obi (die breite Schärpe, die über dem Kimono getragen wird). Außerdem wurden die gezwirnten Papierfäden zu Taschentüchern, Tischdecken und sogar Fliegennetzen verarbeitet.

Die Technik der Herstellung von Shifufäden ist einfach, erfordert aber ein wenig Ausdauer und Übung. Fast alle Papiere eignen sich dazu, einige allerdings lassen sich nicht so gut zu Fäden drehen oder sind dazu nicht fest genug. Handgeschöpftes japani-

Von der Textildesignerin Sally Anne Watt handgewebtes Shifutuch; Kettfäden aus mercerisierter Baumwolle und Seide, Schuß aus gefaltetem Papier.

6 Wickeln Sie das eingeweichte Papier vorsichtig aus; nehmen Sie es an den unzerschnittenen Enden, und legen Sie es auf einen porösen Zementstein oder eine andere rauhe Oberfläche. Früher dienten Flußsteine oder «Tatami-Matten» als Unterlage. Rollen Sie die Streifen mit flachen Händen fünfmal auf der Unterlage vor und zurück.

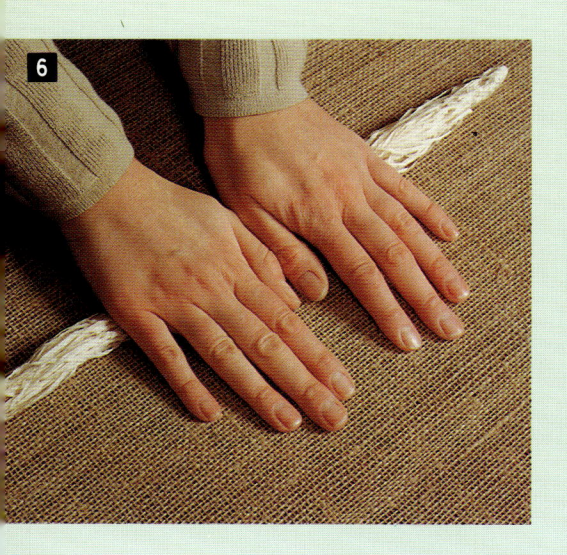

7 Schütteln Sie den Bogen jedesmal, nachdem Sie ihn gerollt haben. Heben Sie das Blatt hoch, und entwirren Sie es mit einem festen Ruck, so daß die Streifen wieder parallel nebeneinanderliegen.

8 Dann rollen Sie das Papier erneut; erhöhen Sie den Druck, bis sich das Papier zu verflechten beginnt. Dies kann bis zu 10 Minuten erfordern und muß schnell erfolgen, bevor das Papier getrocknet ist.

sches Shifupapier ergibt besonders kräftige Papierfäden, weil der Faserbrei beim Formen nur vor und zurück geschüttelt wird und die Fasern dadurch in eine Richtung ausgerichtet werden. Damit hat das Papier die nötige feste Struktur, um es in dünne Streifen zu zerschneiden und mit der Hand zu rollen.

Machen Sie erste Versuche möglichst mit selbstgemachtem Papier, das Sie nach der japanischen Methode des Papierschöpfens hergestellt haben. Am besten eignen sich handgeschöpfte Japanpapiere. Sie sollten keine Verunreinigungen aufweisen: Kleine Rindenstückchen stören beim Zuschneiden der dünnen Streifen.

Sie können auch mit verschiedenen Papieren experimentieren, zum Beispiel dünnem Geschenkpapier, Computerpapier oder Schnittmusterpapier. Sie fühlen sich unterschiedlich an und bieten viele Muster- und Strukturvarianten. Bedruckte Papiere ergeben einen interessanten «Ikat-Effekt», wenn sie mit einem schlichten Kettfaden gewebt werden.

Meist wird Shifutuch aus einem Kettfaden aus Baumwolle oder Seide und einem Schußfaden aus Papier gefertigt. Um auf einem Webrahmen einfache Streifen oder Muster in das Shifutuch zu weben, können Sie auch mit farbigen oder gefärbten Papierfäden arbeiten.

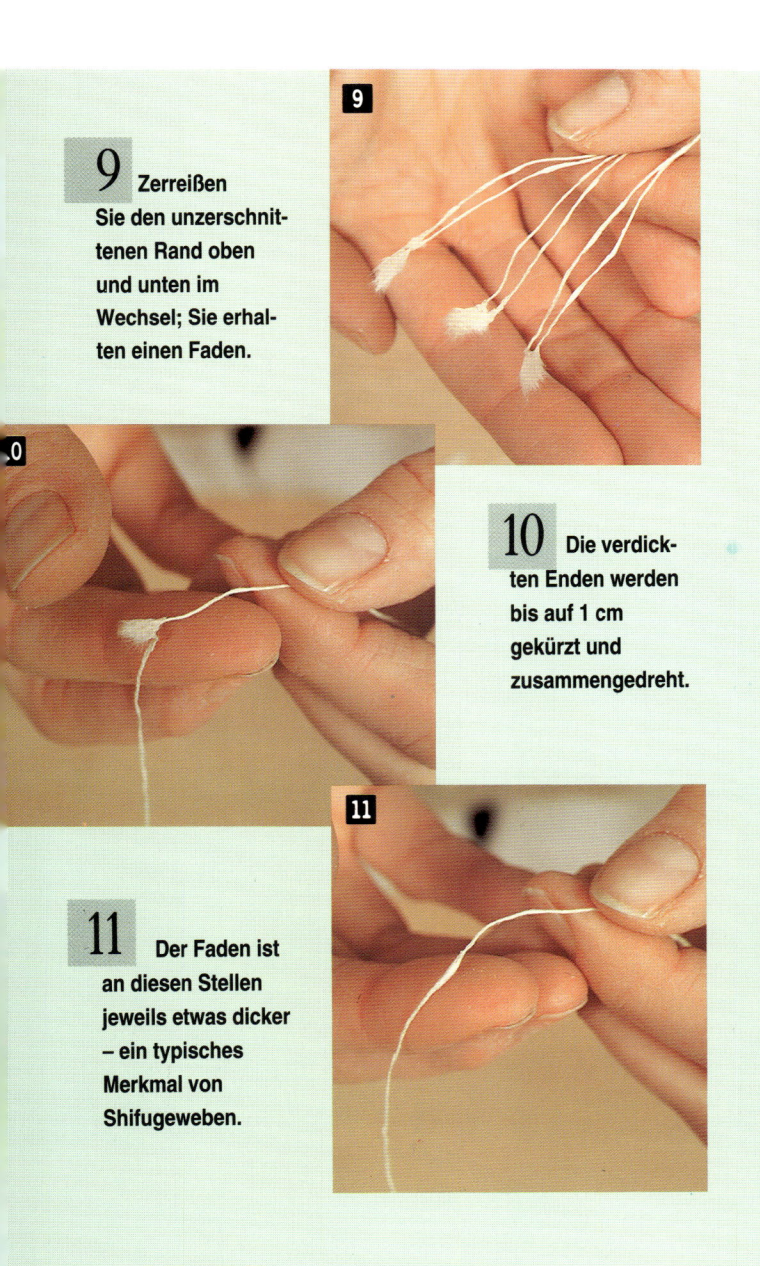

9 Zerreißen Sie den unzerschnittenen Rand oben und unten im Wechsel; Sie erhalten einen Faden.

10 Die verdickten Enden werden bis auf 1 cm gekürzt und zusammengedreht.

11 Der Faden ist an diesen Stellen jeweils etwas dicker – ein typisches Merkmal von Shifugeweben.

12 Das Spinnen der Fäden erhöht die Festigkeit des Papiers und ermöglicht es, Fäden von verschiedenen Bogen zu verbinden. Befestigen Sie ein Fadenende an der Spule, sonst wickelt sich das Papier um die Winde. Mit einer Hand drehen Sie langsam das Rad; mit Zeigefinger, Mittelfinger und Daumen der anderen Hand führen Sie den Faden.

13 Halten Sie den Faden mit einer Hand ein Stück von der Spule weg. Ist der Faden bis auf etwa eine Handlänge aufgespult, wickeln Sie den Rest gleichmäßig von Hand auf; halten Sie ihn beim Aufspulen senkrecht, damit er nicht auffasert. Dann folgt der nächste Faden. Der aufgespulte Faden wird 20 Minuten mit Wasserdampf behandelt, damit der Zwirn fest wird.

*Helena Sellergren:
Mandala aus
Licht. Papier,
Drahtnetz und
Metall;
80 x 80 cm.*

Papier und Licht

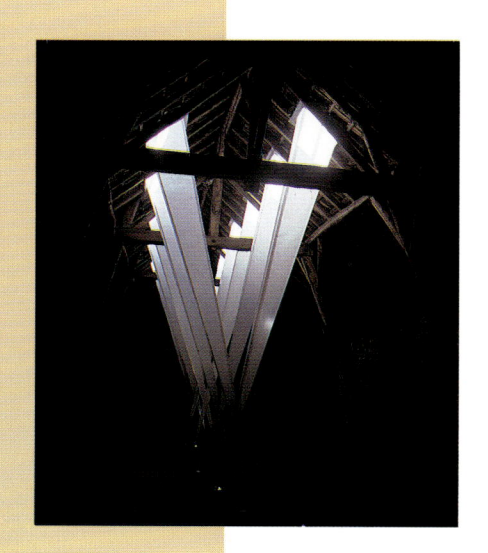

Handgeschöpftes Japanpapier zeichnet sich dadurch aus, daß es einerseits leicht und durchscheinend und andererseits ungewöhnlich fest ist. Diese Vorzüge kamen besonders in den traditionellen japanischen Häusern zum Tragen. Schiebewände und Jalousien bestehen aus «Shojipapier», das diffuses Licht in den Raum dringen läßt. Auch *fusama* (Raumteiler) werden aus Schmuckpapier gemacht, zum Beispiel aus *uchigumo* (geflammtem Papier).

Für Papierlaternen verwendet man ebenfalls *washi*. Leichtes und durchscheinendes Papier eignet sich ideal für Lampenschirme, Sichtblenden und Jalousien. Intensität und Tönung des Lichts hängen davon ab, ob man das Papier mit Wasserzeichen versieht, es zusammengautscht oder dekorative Elemente einschließt. Dünnes Papier läßt mehr Licht durch. Gefleckte Strukturen und verschiedenfarbige Schichten verstärken diese Effekte.

*Annette Sauermann:
Lichtfallen-
Montage.
Papier auf Stahl-
strebenkonstruktion;
6 m (oben).*

*Jane Balsgaard:
Papierskulptur.
Handgeschöpftes
Papier und
Weidenholz;
60 x 100 x 45 cm.*

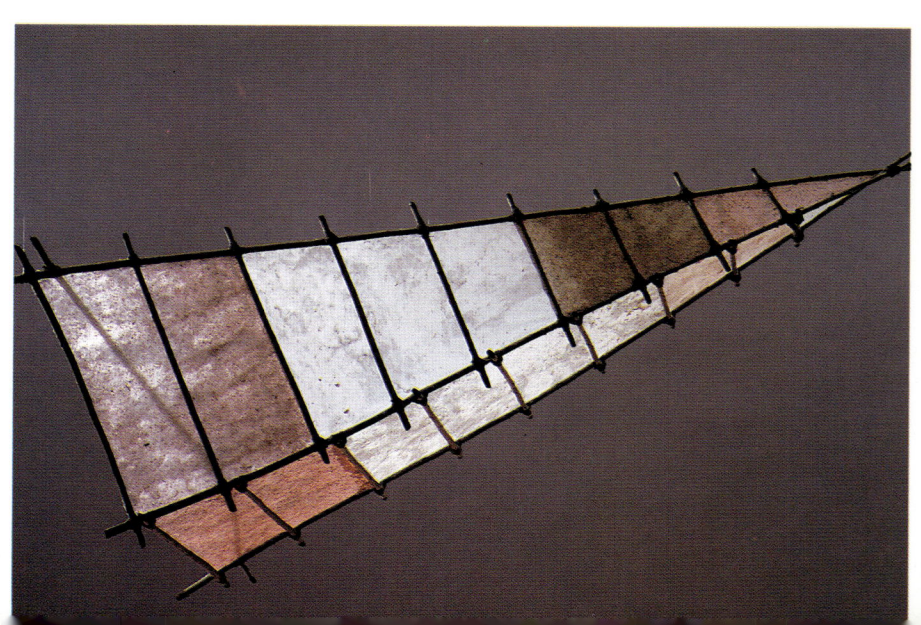

PROJEKT

Lampenschirm

Dieser Lampenschirm, der sich auch für Kerzenhalterungen eignet, ist einer frühen europäischen Lampenform nachempfunden.

Man legt einen gewöhnlichen Bogen Papier um einen Lampenschirm und schneidet die Schablone aus. Damit der Schirm auf die Halterung paßt, verkleinern Sie die Vorlage nötigenfalls. Zum Schluß wird der Lampenschirm mit einem Mittel imprägniert, um ihn hitze- und feuerbeständig zu machen. Achten Sie beim Kauf darauf, daß sich das Mittel für Papier eignet; befolgen Sie die Gebrauchsanweisung.

SIE BRAUCHEN

- Faserbrei: 2 verschiedene Farben
- Form und Schirmform als Deckel
- Selbstklebende Etiketten (als Wasserzeichen)
- Filze
- Bretter zum Pressen
- PVA-Leim
- Hitzebeständiges Imprägniermittel

ARBEITSSCHRITTE

- Papierbogen schöpfen
- Karton zuschneiden
- Wasserzeichen anfertigen
- Gautschen
- Zusammengautschen
- Pressen

1 Schöpfen Sie zwei Bogen entsprechend Ihrer Schablone; einer sollte am gebogenen äußeren Rand etwas kleiner sein. Beginnen Sie mit dem größeren Deckel, und gautschen Sie den Bogen auf einen feuchten Filz. Dann befestigen Sie Wasserzeichen auf dem Sieb und schöpfen den kleineren Bogen.

2 Schöpfen Sie den kleineren Bogen aus andersfarbigem Faserbrei.

3 Gautschen Sie ihn auf den größeren Bogen ab (s. S. 57).

4 Der kleinere blaue Bogen bedeckt den größeren gelben Bogen nicht ganz und ergibt so einen einfachen, aber auffallenden Rand.

5 Ist das gepreßte Papier trocken, kleben Sie die Enden aneinander.

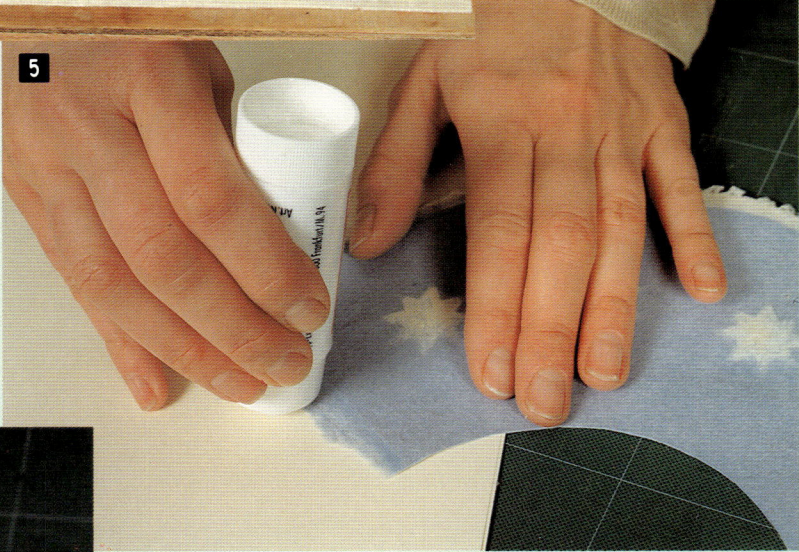

6 Das mit Wasserzeichen versehene blaue Papier bildet die Außenseite des Schirms. Imprägnieren Sie den fertigen Schirm mit einem hitzebeständigen Mittel; lassen Sie es vor dem Anzünden der Lampe oder Kerze trocknen.

7 Bei angezündeter Lampe leuchtet das gelbe Papier durch die Sterne.

*Karen Stahlecker:
In Memoriam:
Das Heilige Grab.
Handgeschöpftes
Kozopapier und
diverse
Materialien;
2,7 x 4,2 m.*

Papier und Natur

Für viele Künstler, die mit Papier arbeiten, sind der veränderbare Charakter des Materials und der regelmäßig wiederholte Vorgang des Papierschöpfens selbst eine Quelle der Inspiration. Sie verstehen das Papierschöpfen an sich, angefangen vom Sammeln und Aufbereiten der Pflanzenfasern bis hin zu dem Augenblick, in dem die Form mit dem Bogen aus der Bütte genommen wird, als Sinnbild für die Wachstumszyklen in der Natur. Das Aufeinanderschichten der Bogen beim Gautschen und die Verbindung verschiedener Elemente beim Pressen werden als Spiegelbild geologischer Vorgänge angesehen. Paradox erscheinende Phänomene in der Natur spiegeln sich in der Brüchigkeit und Festigkeit, in der Geschmeidigkeit und Rauheit, der durchscheinenden oder nicht durchscheinenden Beschaffenheit, der Biegsamkeit und der Struktur des Papiers wider.

Während sich viele Künstler vom meditativen Vorgang des Papierschöpfens und den mit Papier verbundenen rituellen Traditionen angezogen fühlen, wurde Papier andererseits als natürliches Recyclingmaterial zu einem Mittel, um auf einen verantwortlichen Umgang mit den Ressourcen der Erde hinzuweisen. Schon immer wurde Papier recycelt; in China wurden Hanflumpen oder Fischnetze, in der west-

*Ingrid Evans:
Spuren. Von Hand
geformtes Papier
aus Baumwoll-
und Flachsfasern,
Acrylfarben;
184 x 100 cm.*

*Carol Farrow:
Für D. B. Diese
Geschichte hat kein
Ende. Bei 1300° C
aus Porzellanerde
gebranntes Buch
auf glasiertem Un-
tersatz mit Säge-
spänen; 46 x 46 cm.*

lichen Papiermacherei Leinen- oder Baumwollumpen wiederaufbereitet und zu Papier verarbeitet. Heute wird Altpapier gestalterisch neu arrangiert, in neue Zusammenhänge gebracht, doch hat Papier nie völlig seinen ursprünglichen Charakter verloren.

Tonpapiere

Zwischen natürlichen Materialien gibt es teils verblüffende Ähnlichkeiten – selbst zwischen Mineralien und Pflanzen. So lassen sich zum Beispiel die durchsichtige Beschaffenheit von Porzellanerde und ihr Schrumpfungsgrad beim Trocknen mit ähnlichen Merkmalen mancher Pflanzenfasern vergleichen, die zum Papiermachen verwendet werden.

Papier und Ton mögen auf den ersten Blick nichts miteinander gemein haben, doch besteht zwischen beiden sowohl eine funktionale als auch eine ästhetische Verbindung. So werden

PROJEKT

Tonpapier schöpfen

SIE BRAUCHEN
- Ungefärbten Faserbrei (aus teils vorbereitetem oder recyceltem Material)
- Feingemahlene Tonerde oder heimische Tonerdepigmente
- Form und Deckel
- Waage

ARBEITSSCHRITTE
- Papierbogen schöpfen

1 Wiegen Sie die angegebene Menge Tonerde ab, und geben Sie sie in frisches Wasser. Man rechnet etwa 5 Eßlöffel Tonerde auf circa 450 g Fasern (Trockengewicht). Die Menge variiert je nach Faserart.

2 Zerkleinern Sie die Tonerde in kleine Stückchen. Rühren Sie die Mischung ab und zu um, bis sich die Stückchen aufgelöst haben.

Anne Vilsbøll: Aus der Serie: Tropismus – Unsichtbares Wachstum. Handgeschöpftes Papier in Naturfarben; 105 x 85 cm (links).

Jane Balsgaard: Mann. Auf Stahlstreben gespanntes Papier; 300 x 200 x 150 cm (rechts).

manche Papiere mit Porzellanerde aufbereitet, damit sie sich besser für bestimmte Druckmethoden eignen. Oder man gibt Porzellanerde als Füllstoff in den Faserbrei, um weniger durchsichtiges Papier zu erhalten. Japanische Tonpapiere – zum Beispiel *najio maniai-shi* (Gampipapier mit Tonerde) – sind berühmt wegen ihrer Farben: Grün (kabuta-tsuchi), Gelb (tamago-tsuchi), Cremeweiß (tokubo-tsuchi) sowie Braun und Dunkelgrau (jakame-tsuchi).

3 Sieben Sie die Flüssigkeit bis auf die weiche Tonerdemasse ab; wiederholen Sie diesen Vorgang mehrere Male. Dann geben Sie so viel frisches Wasser hinzu, daß der Ton einen dünnflüssigen Brei ergibt.

4 Geben Sie die Lösung und die vorbereiteten Fasern in die Bütte. Tonerde sinkt schnell auf den Büttenboden; rühren Sie die Suspension also gründlich um.

5 Schöpfen Sie das Tonpapier wie üblich mit Hilfe von Form und Deckel.

«Tsuchi» bedeutet Erde, und die Farben erhält man durch Zugabe verschiedener Tonarten in den Faserbrei. Die Bogen haben die für Tonpapiere typische glatte, samtige Oberfläche.

Struktur-Variationen

Experimentieren Sie beim Herstellen von Papier mit verschiedenen Tonarten, und ändern Sie Sorte und Anteil der Tonerde im Faserbrei ab; Sie erhalten Papiere, deren Oberflächenbeschaffenheit von weich bis hart oder fein bis

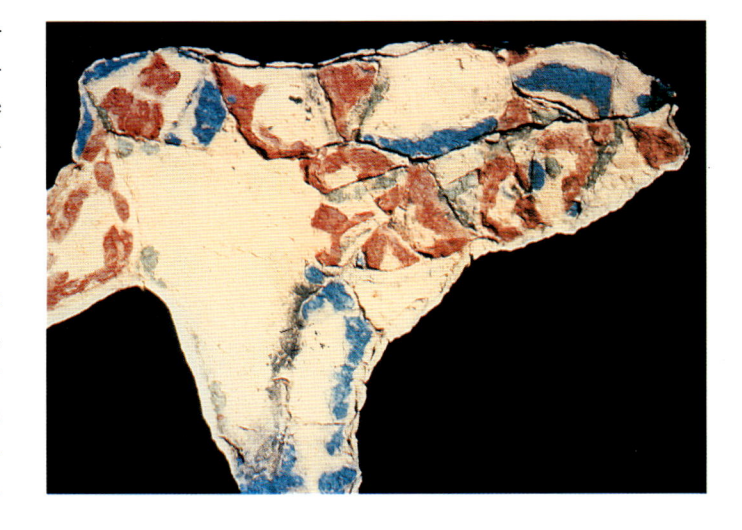

Golda Lewis: Beleuchtetes Fragment (Great Jones St.-Serie). Ton und Papier; 48 x 40 cm (links).

Golda Lewis: Geistesgabe (East 16th St.-Serie). Terrakotta und Papier; 56 x 40 cm (rechts).

PROJEKT

Tonpapier gießen

SIE BRAUCHEN
- Mit natürlichen Tonerdepigmenten gefärbten Faserbrei
- Bandsäge
- Schmirgelpapier
- Form und tiefen Rahmen
- Flache Schüssel

ARBEITSSCHRITTE
- Farbe und andere Zusätze hinzugeben
- Faserbrei gießen

1 Bedecken Sie ein Gautschbrett mit einem saugfähigen Tuch; legen Sie das Brett erhöht in eine flache Schüssel. Setzen Sie Form und Deckel oder einen tieferen Rahmen (mehrere Deckel aufeinander) in die Mitte des Bretts.

2 Sieben Sie die verschiedenen Faserbreimischungen in ein Gefäß, und gießen Sie die erste Sorte in den Rahmen; füllen Sie ihn etwa 12 mm hoch.

3 Lassen Sie das Wasser abtropfen; saugen Sie mit einem Schwamm weiteres überschüssiges Wasser auf, und drücken Sie den Faserbrei fest.

rauh variiert. Weniger fein gemahlene Tonerden ergeben zum Beispiel eine körnige Papieroberfläche. Außerdem beeinflußt die Faserart den Charakter des Papiers.

Interessieren Sie die Effekte natürlicher Farbpigmente, dann probieren Sie verschiedene Tonsorten und Tonerden aus, die es im Fachhandel zu kaufen gibt. Kaolin (Porzellanerde) ist fast reinweiß, Töpferton variiert von cremeweiß bis grau, Feldspat von hellrosa bis hellgrün. Sie können auch mit speziellen Töpferglasuren arbeiten, um glatte, gleitfähige Papieroberflächen zu erhalten. Manche Tonarten eignen sich weniger gut, weil sie unerwünschte Substanzen, etwa hohe Anteile Eisenoxid, enthalten. Dunklerer Ton enthält häufig alte Pflanzenteile, was die Qualität und Langlebigkeit des Papiers mindern kann. Erkundigen Sie sich im Fachhandel nach der genauen Zusammensetzung des Tons.

5 Sind Sie oben am Rahmen angelangt, entfernen Sie ihn sorgfältig und stellen die Arbeit zum Trocknen an einen kühlen Ort.

4 Bauen Sie einzelne Schichten im Rahmen auf, indem Sie nach und nach verschiedene Faserbreimischungen eingießen. Nehmen Sie an manchen Stellen mehr Wasser mit dem Schwamm auf als an anderen, so entsteht ein wellenförmiger Effekt.

6 Sie können die Schichten mit einem Keramikmesser zerschneiden, solange der Faserbrei noch feucht ist, oder nach dem Trocknen mit einer Bandsäge zersägen. Wenn Sie die Schichten mit Schmirgelpapier bearbeiten, kommen Farben und Querschnitt durch das Material noch besser zur Geltung.

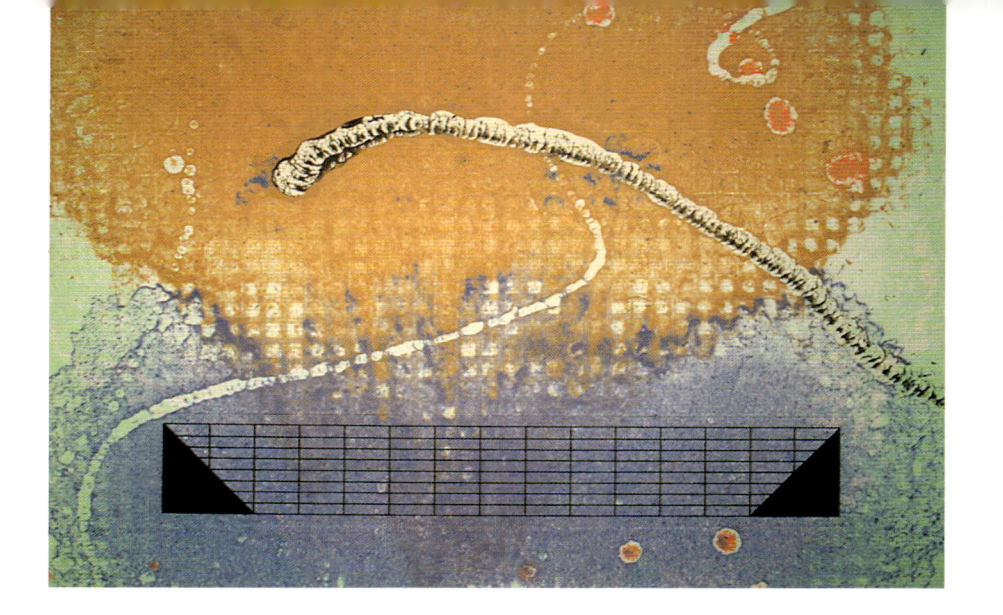

*Laurence Barker:
Ohne Titel.
Papierguß mit
Radierung;
58 x 79 cm.*

Papier und Druck

*Richard Royce:
Kristallspuren.
Papierguß mit
Holzschnitt;
2,4 x 2,4 x 2,4 m.*

Papier ist die unabdingbare Voraussetzung fürs Drucken. So verwundert es nicht, daß die ersten Druckwerke aus China stammen, da dort das Papier erfunden wurde. Der Gebrauch individuell geschnitzter Siegel oder Stempel hat in China eine lange Tradition. Kleine aufgeprägte Bilder und Reiberdrucke von Steininschriften in der Han-Dynastie (206 v. Chr. – 220 n. Chr.) haben möglicherweise den Anstoß für das Drucken und damit für die Vervielfältigung offizieller Texte und frommer Bilder gegeben.

Viele der bis heute überdauernden chinesischen Drucke und gedruckten Texte sind religiöser Art. Papierbogen mit Schriften und Bildern buddhistischer Gottheiten wurden von Holzschnitten abgezogen. Auf die erhabenen Stellen des Holzes wurde Tusche aufgetragen und so Bild oder Text auf Papier übertragen. Es handelt sich hierbei um sogenannten Reliefdruck. Weitere Verfahren sind Lithographie, Intaglio und Siebdruck.

Der Hauptzweck des Druckens ist die Vervielfältigung, so daß die Druckverfahren zumeist dafür eingesetzt werden, eine größere Anzahl identischer Kopien von einem einzelnen Stempel oder einer Druckplatte herzustellen. Bei einer «Monotypie» dagegen handelt es sich um einen einzelnen Druck, der sich nicht beliebig reproduzieren läßt. Der Begriff wird auch auf Druckverfahren angewandt, die keine Vervielfältigung zulassen.

Außer stabilen Oberflächen aus Holz und Metall bieten sich zum Beispiel Holzfaser- und Kunststoffplatten als Druckstempel an. Zum Drucken von Bildern benötigt man nicht unbedingt eine herkömmliche Druckerpresse.

Abstimmen von Papier und Druck

Ob ein Druckwerk gelingt, hängt natürlich auch vom verwendeten Papier ab.

PROJEKT

Eine Monotypie herstellen

1 Hier dient eine dünne Platte aus Plexiglas sowohl als Zeichenoberfläche als auch als Unterlage zum Trocknen.

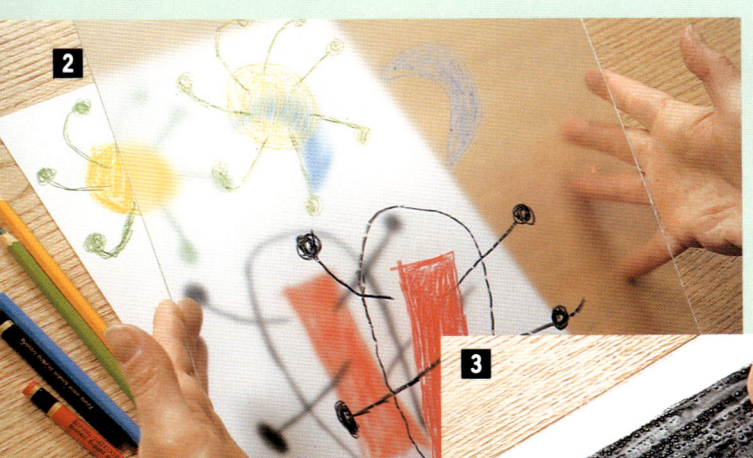

2 Sie können das Bild auf der Platte skizzieren, bevor der Übertrag auf Papier erfolgt.

3 Sie können auch direkt mit Zeichenkreide oder Buntstiften auf die Unterlage zeichnen; mit einem nassen Pinsel werden die Farben «ausgewaschen». Mit Sumi-Tinten, Trockenpigmenten, metallischen Pulverfarbstoffen und Wasserfarben erzielt man feine Nuancen in der Farbgebung.

SIE BRAUCHEN

- *Eine Auswahl handgeschöpfter Papiere*
- *Holzfaser- oder Plexiglasplatte*
- *Zeichenkreide*
- *Buntstifte*
- *Sumi-Tinte (wahlweise)*
- *In Wasser gelöste Farbpigmente oder Farbstoffe in Pulverform*
- *Filz*
- *Nudelholz*

4 Für den Anfang nehmen Sie glattes, wenig schrumpfendes Papier. Leichtes Leimen verhindert, daß die Farben auf Wasserbasis ausbluten. Der Wassergehalt im Papiervlies und die Nässe auf der Platte beeinflussen außerdem, ob ein klarer, guter Übertrag des Bildes erfolgt. Nehmen Sie einen gepreßten Bogen, und legen Sie ihn vorsichtig auf die Monotypie.

Künstler stimmen Papier und Art des Druckes aufeinander ab: Das Papier ist kein beliebiger Schriftträger, sondern wird zum integralen Bestandteil des Werks. Handgeschöpfte Papiere bieten unzählige Möglichkeiten für Monotypien, die sich durch ihre Einmaligkeit auszeichnen.

Die Faserart, das Gewicht des Papiers, die Tatsache, ob das Papier gepreßt wurde oder nicht, wie feucht es ist und die Sorte und Menge des verwendeten Leims – all diese Faktoren spielen eine Rolle. Außerdem kann man in eine Zeichnung zum Beispiel Wasserzeichen und durchscheinende oder farbige zusammengegautschte und dreidimensionale Papierformen integrieren und damit dem fertigen Druckwerk ein noch schöneres Aussehen verleihen.

James Rosenquist: Weltraumstaub. Farbiger, gepreßter Faserbrei, Collageelemente, photographischer Offsetdruck; 158 x 265 cm.

5 Bedecken Sie die Rückseite des Bogens mit einem sauberen Filz; pressen Sie den Bogen fest und gleichmäßig mit dem Nudelholz auf die Plexiglasunterlage. Richtiges Pressen verhindert, daß sich der Bogen vorzeitig löst; das Bild wird klar und deutlich auf das Papier übertragen.

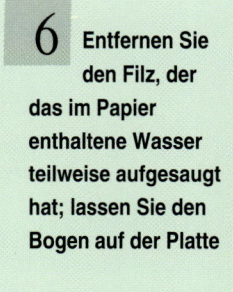

6 Entfernen Sie den Filz, der das im Papier enthaltene Wasser teilweise aufgesaugt hat; lassen Sie den Bogen auf der Platte trocknen. Ein dicker oder großer Bogen oder ein zusammengegautschter Bogen muß an den Rändern verlangsamt trocknen.

7 Wenn der Bogen ganz trocken ist, ziehen Sie ihn vorsichtig ab. Die Zeichnung auf der Unterlage kann überarbeitet und wiederverwendet werden.

*Alan Shields:
Polarroute. Relief,
Siebdruck, Holz-
schnitt; 119 cm
Durchmesser.*

*Peter Gentenaar:
Blaue Note.
Radierung auf
Leinenpapier;
50 x 65 cm.*

Galerie

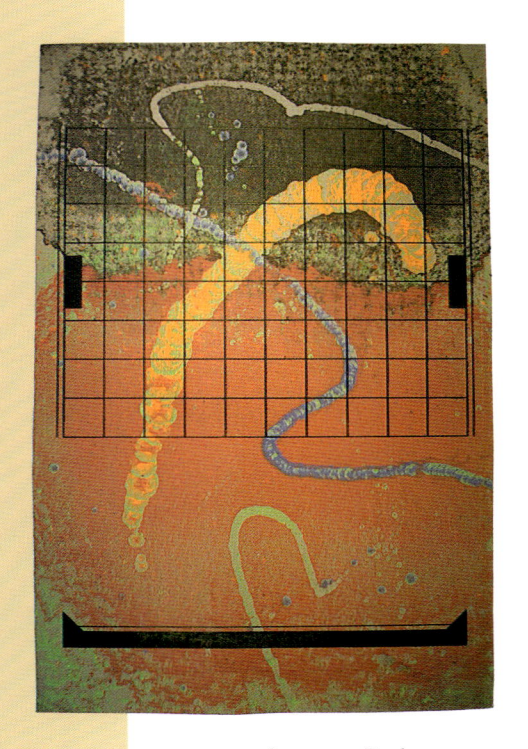

*Laurence Barker:
Schwarze Diode.
Radierung auf
handgeschöpftem
Papier;
103 x 68 cm.*

Richard Royce:
Fragmente einer
untergegangenen
Zivilisation.
Papierguß,
Holzschnitt;
1,2 x 0,6 x 0,4 m.

Helmut Frerick:
Flußaktives Papier
(in memento mori).
Eine symbolische
Darstellung der
Vergänglichkeit
von Papier in
Form eines hand-
geschöpften
Papierdreiecks,
9 m groß, das
einem Bach
überlassen wird.

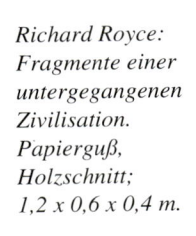

Anne Vilsbøll: Domino.
Handgeschöpftes
Papier, Plexiglas.

Puck Bramlage: Ge-
heimnisvolles Leben.
Amatlpapier, japa-
nisches Seidenpapier,
Zweige, Federn.

Margaret Ahrens Sahlstrand: Jans Kleid. Papierguß, Faserbrei-Komposition.

Ruth Millar: Buchnest. Handgeschöpftes Papier; 15 x 13 x 8 cm.

GLOSSAR

ABACA Auch als Manilahanf-Faser bezeichnet, eine Bananenart *(Musa textilis)*, die insbesondere auf den Philippinen gezüchtet wird. Die Blattstengel liefern eine feste, vielseitig verwendbare Faser.

ALAUN Ein Salz, das – meist in Form von Aluminiumsulfat – zum Leimen von Papier dient. Es ist säurehaltig und sollte deshalb in der Papierherstellung möglichst vermieden werden.

ALKALI Ätzende Substanz, die zum KOCHEN von Pflanzenfasern verwendet wird, um Harze, Wachs, Stärke und andere nichtzellulose Bestandteile zu zerstören.

AMATE (AMATL) Ursprüngliches aus der Rinde wildwachsender Feigenbäume gewonnenes, geschlagenes Pseudo-Papier, eine Art TAPA.

AUFFASERN Das Aufschließen der einzelnen Zellulosefasern beim STAMPFEN oder AUFSCHLAGEN.

AUSBLUTEN Die federige Randbildung von Tinte oder Farbe auf einem Bogen Papier

BAGASSE Eine Grasfaser aus den Stengeln des Zuckerrohrs *(Saccharum officinarum)*.

BAMBUS Eine Grasfaser aus den Stengeln der Bambuspflanze *(Phyllostachys aurea)*, die vor allem in China zum Papiermachen verwendet wird.

BAST Fasern, die aus der inneren Rinde verschiedener Sträucher und Bäume gewonnen werden; hierzu zählen GAMPI und KOZO. Auch die Fasern von Gräserpflanzen wie FLACHS und HANF werden Bast genannt.

BAUMWOLLE Die weichen weißen Samenhaare der Fruchtkapseln der Baumwollpflanze *(Gossypium)*; die meisten europäischen Hand-Papiere werden daraus hergestellt.

BAUMWOLLUMPEN Ein langfaseriger Papierbrei aus neuen Baumwollstücken

BEIZE Eine chemische Substanz, die die Fasern aufnahmefähig für Farbstoffe macht.

BINDUNG Chemisch-physikalische Verbindung der Zellulosefasern; AUFSCHLIESSEN, HYDRATATION und STAMPFEN bzw. MAHLEN sowie Trocknen unterstützen diesen Vorgang.

BLEICHEN Ein Vorgang, der zum Reinigen und Aufhellen des Faserbreis dient; erfolgt meist mit chlorhaltigen Lösungen.

BLATTBILDUNGS-HILFSMITTEL Eine Substanz, um lange Fasern in einem Faserbrei in Suspension zu halten und um das Entwässern nach dem Schöpfen zu optimieren. Siehe NERI.

BUCHRÜCKEN Die hintere Schmalseite des Buchs, an der die Lagen des Buchblocks im Falz miteinander verbunden werden.

BÜTTENRAND Der auffallende, unregelmäßige Rand bei handgeschöpftem Papier; er entsteht durch Faserbrei, der beim Schöpfen unter den DECKEL läuft.

BUNDSTEG Die unbedruckten Innenränder von zwei Buchseiten bzw. die Falzmitte, wo die Heftung erfolgt.

CALZIUMCARBONAT Dient vor allem dazu, die Dauerhaftigkeit des Papiers zu erhöhen; in größeren Mengen verwendet, bildet es einen Füllstoff, der beim Papierguß das Schrumpfen reduziert; die Papierbogen werden dadurch weniger durchscheinend und heller.

COLLAGE Das Aneinanderfügen unterschiedlicher Materialien

DECKEL Der abnehmbare Rahmen, der den oberen Abschluß der FORM bildet, den Faserbrei enthält und die Bogengröße bestimmt.

EINSCHLIESSEN Materialien in ein Blatt Papier einbetten, wobei die Fasern die Einschließung an ihrem Platz halten.

ESEL Eine in die Plattform über der Bütte eingelassene Halterung aus Holz; vor dem Gautschen wird die Form zum Abtropfen kurz daran gelehnt.

FARBSTOFFE Lösliche Färbemittel, die in die Faser eindringen und haften bleiben.

FASER Das dünne, fadenähnliche Gebilde in der Pflanzenstruktur, aus dem Faserbrei zum Papierschöpfen zubereitet wird.

FASERBREI oder PAPIERBREI Die wäßrige Mischung aus aufbereiteten Fasermaterialien, aus der Papier hergestellt wird.

FAULEN Das traditionelle Verfahren, Lumpenfasern vor dem STAMPFEN oder AUFSCHLAGEN zu lockern und aufzuweichen; die aufgehäuften feuchten Lumpen erhitzen sich und beginnen zu faulen. Bezeichnet auch das Lösen von Pflanzenfasern, indem man sie in einer Lauge oder Wasser einweicht.

FILZ Das aus Wolle bestehende Tuch, auf das ein frisch geformter Bogen übertragen bzw. abgegautscht wird.

FIXIERMITTEL Eine chemische Substanz, die zur besseren Verbindung von Pigmenten, Farbstoffen und anderen Zusätzen mit dem Fasermaterial beiträgt.

FLACHS Bastfaser der Flachspflanze *(Linum usitatissimum)*, aus der Leinenstoff hergestellt wird; Papierbrei aus Flachs- oder Leinenfasern ergibt sehr festes, durchscheinendes Papier.

FLIESSPAPIER Ungeleimtes Papier

FORM Ein rechteckiger Holzrahmen mit Siebgeflecht in «gerippter» (Vergé) oder «gewebter» (Vélin) Form zum Schöpfen von Papierbogen

FÜLLSTOFF Allgemeine Bezeichnung für Substanzen, die dem Faserbrei während des Stampfens oder Mahlens hinzugefügt werden und das fertige Papier glatter, heller oder weniger durchscheinend machen, weil sie die Faserzwischenräume ausfüllen.

GAMPI Bastfaser der Pflanze *Wikstroemia diplomorpha*, wird für handgeschöpfte Japanpapiere verwendet.

GANZZEUG Der gebrauchsfertige Faserbrei

GAUTSCHEN oder ABGAUTSCHEN Einen frisch geschöpften Bogen von der FORM auf ein feuchtes Filztuch (in der westlichen Papierherstellung) oder direkt auf einen bereits abgegautschten Bogen (in der japanischen Papierherstellung) übertragen.

GELATINE Eine LEIM-Art, die aus tierischem Gewebe oder Knochen gewonnen wird.

«GERIPPTE» FORM (Vergé) Eine Form, bei der das Schöpfsieb aus engen, parallelen Drähten oder Bambusstreifen und weit angeordneten Kettdrähten oder -fäden besteht.

«GEWEBTE» FORM (Vélin) Form mit feinmaschigem Siebgeflecht

GROB GEPRESST Oberflächentextur traditioneller Papiere, die sich aus dem Abdruck der Filztücher beim ersten Preßvorgang des nassen Papiers ergibt.

HALBZEUG Teilweise aufgeschlossene oder gestampfte Fasern; bevor sie sich zum Papiermachen eignen, ist weiteres Stampfen oder Mahlen erforderlich.

HANF Eine Bastfasern liefernde Pflanze *(Cannabis sativa)* mit hohem Zelluloseanteil; sie wird im Osten und im Westen seit langem zur Papierherstellung verwendet.

HARZLEIM Leim, der durch Destillieren von Terpentin oder aus dem Harz verschiedener Fichtenarten gewonnen wird.

HEISSPRESSEN Hierbei wird das Papier zwischen erhitzten Metallplatten oder -walzen gepreßt.

HOLLÄNDER Eine Ende des 17. Jahrhunderts in Holland entwickelte Maschine für das Aufschließen (Mahlen) von Lumpen oder Pflanzenfasern für die Papierherstellung.

HOLZSTOCK Wird für Holzschnitte verwendet, bei denen die Linien der Zeichnung als erhöhte Stege herausgearbeitet sind; bei Prägestempeln erscheinen die vertieften Linien erhaben.

HYDRATATION Die Wasseraufnahme durch die beschädigten Fasern beim Stampfen oder Mahlen

IKAT Bei dieser japanischen Webart werden die Kett- oder Schußfäden vor dem Weben an einigen Stellen zusammengebunden und gefärbt.

INTAGLIO Ein vertieftes, graviertes Bild, das als Vorlage zum Drucken dient.

JUTE Eine Bastfaser aus der asiatischen Pflanze *Corchorus capsularis;* sie dient vor allem zur Herstellung von Säcken, Taschen und Tauen.

KALTPRESSEN Traditionell ausgerüstetes Papier mit leicht rauher Oberfläche; hierbei wird nach dem ersten Pressen des nassen Papiers zwischen Filzen das feuchte Papier selbst aufeinandergepreßt.

KAMIKO Nicht gewebtes japanisches Papier-Tuch

KAOLIN siehe PORZELLANERDE

KAPOK Die hohle Samenhaarfaser des Kapokbaums (*Ceiba pentranda*); sie wird als Füllung für Kissen und zur Wattierung von Kleidern verwendet.

KETTE Der senkrecht verlaufende Webfaden. Siehe SCHUSS

KETTLINIEN Ein Muster, das die in weitem Abstand angeordneten Kettfäden der «gerippten» Form auf dem Papier hinterlassen.

KOCHEN Hierdurch wird das Trennen der Fasern beschleunigt, und Verunreinigungen und unerwünschte Pflanzenbestandteile werden entfernt; meist verwendet man zum Kochen eine Lauge.

KOZO Die in Japan meistverwendete Bastfaser; sie stammt vom Papiermaulbeerbaum (*Broussonetia papyrifera*).

LAUFRICHTUNG Die Ausrichtung der Fasern in einem maschinell hergestellten Bogen Papier.

LAUGE Eine alkalische Lösung zum Kochen der Fasern

LEIM Eine Substanz, die während des Stampfens oder Mahlens hinzugefügt oder nach dem Trocknen aufgetragen wird, um das Papier wasserbeständiger zu machen; ursprünglich eine GELATINE- oder Stärkelösung, heute als chemische Mittel verwendet.

LIGNIN Ein in Pflanzen enthaltener Stoff, der wasserabstoßend ist und die Verbindung der Fasern beim Papiermachen hemmt; er muß daher vorher entzogen werden.

LINOLPLATTE Nach dem gleichen Prinzip wie ein HOLZSTOCK zum Drucken verwendete Vorlage

LINTERS Aus den kurzen Samenhaaren der Baumwollpflanze zubereiteter Faserbrei; diese werden gekocht, gebleicht, gemahlen und als feste Zelluloseblätter geliefert.

LITHOGRAPHIE Ein Druckverfahren, bei dem ein Bild auf einem ebenen Stein oder einer Platte aus einem Material angefertigt wird, das gut Druckfarbe aufnimmt, wobei die umgebenden Flächen die Farbe nicht aufnehmen.

METHYLZELLULOSE Ein eigens entwickeltes Pulver, das als Klebstoff oder zum Leimen von Oberflächen verwendet wird; außerdem trägt es zur besseren Verbindung der Fasern bei und gibt dem Papierguß Festigkeit.

MITSUMATA Fasern des Strauches *Edgeworthia papyrifera (chrysanthea)*; ein in Japan häufig verwendetes Rohfasermaterial.

MONOTYPIE Druckform bzw. Druckverfahren, das kein mehrfaches Reproduzieren zuläßt.

NAGASHI-ZUKI Japanische Bezeichnung für die Papierherstellung aus leicht gestampften Bastfasern und NERI

NERI Viskoses Blattbildungs-Hilfsmittel, das in der japanischen Papierherstellung eingesetzt wird; es wird aus den Wurzeln der Pflanze *Tororo-aoi,* einer Hibiskusart, gewonnen.

PACKEN (Stoß) Ein Stapel feuchter Papiere, die nach dem ersten Pressen von den Filztüchern abgenommen wurden; auch ein für das Glätten vorbereiteter Stapel Papiere.

PAPYRUS Schreibmaterial aus dünnen Streifen des Stengelmarks der Papyruspflanze

PAUSCHT Ein Stoß frisch geschöpfter Papierbogen mit Filzen als Zwischenlage, der fertig ist zum Pressen.

PERGAMENT Ein aus Tierhäuten, vor allem Lamm- und Ziegenhäuten, hergestelltes Schreibmaterial

pH-WERT Maßzahl, die beschreibt, wie sauer oder alkalisch eine Lösung ist.

PIGMENTE Feinkörnige Färbemittel, die nicht in Wasser löslich sind; sie haben keine chemische Affinität mit dem zu färbenden Material und müssen zusammen mit einem BINDEMITTEL verwendet werden.

PORZELLANERDE (KAOLIN) Ein feines weißes Pulver, das als Füllstoff dem Faserbrei hinzugefügt wird und dem Papier eine glatte Oberfläche verleiht.

PRÄGEN Der Vorgang, bei dem die Papieroberfläche mit vertieften oder erhabenen Mustern versehen wird.

RAPHIA Blattfasern einer in Madagaskar heimischen Palme (*Raphia ruffia*); sie dienen zur Herstellung von Kleidung, Hüten und Körben.

REISPAPIER Papierähnliches Material, das man durch Schneiden und Pressen des Marks der Reispapierpflanze (*Tetrapanax (Aralia) papyrifera*) erhält.

RUNZELN Meist auf ungleichmäßiges Trocknen zurückzuführende wellige Oberflächenbeschaffenheit der Ränder oder des gesamten Bogens

SÄUREPUFFER (Alkalireserve) Alkalische Substanz (meist CALZIUMCARBONAT oder Magnesiumcarbonat), die Papier vor Säureeinfluß in der Umwelt schützt.

SATINIEREN Glanz oder Glätte eines Papiers sowie das dazu eingesetzte Verfahren; siehe HEISSPRESSEN

SCHABLONE Eine Mustervorlage, meist aus dünnem Holz oder Metall, mit der sich identische Muster herstellen lassen.

SCHWIMMENDE FORM In Nepal die traditionelle Form zum Eingießen des Faserbreis; sie schwimmt in einer mit Wasser gefüllten Vertiefung.

SCHÖPFBÜTTE Behälter für den Faserbrei, in welchem die Papierbogen geschöpft werden.

SCHUSS Der quer zur KETTE verlaufende Webfaden

SHIFU Japanisches Gewebe aus Papiergarn

SIEBDRUCK Druckmethode, bei der Flächen in einem Stoff- oder Drahtgeflecht ausgespart werden und nur Tinten oder Farben an den freien Stellen auf die Oberfläche gelangen.

SIGNATUR Kennzeichnung der Druckbogen für den Buchbinder; die mit einem Buchstaben oder einer Zahl gekennzeichneten ersten Seiten der Bogen für die Reihenfolge des Bindens.

SISAL Blattfaser der in den Tropen heimischen Pflanze *Agave sisalana;* meist zur Herstellung von Seilerwaren verwendet.

STAMPFWERK Alte Vorrichtung (funktioniert nach demselben Prinzip wie Stößel und Mörser) zum Stampfen von Faserbrei; später ersetzt durch den Holländer.

STAMPFEN oder AUFSCHLAGEN (MAHLEN) Trennen und Aufschließen der Fasern zum Faserbrei; erfolgt von Hand oder maschinell; siehe HOLLÄNDER.

STRUKTURGEBER Eine Substanz, um lange Fasern in einem Faserbrei in Suspension zu halten und um das Entwässern nach dem Schöpfen zu optimieren. Siehe NERI.

SU Siehe SUGETA.

SUGETA Die japanische Form zum Papierschöpfen; *su* bezeichnet das abnehmbare Siebgeflecht und *keta* den mit Scharnieren befestigten Rahmen.

SUMINAGASHI Ein japanisches Marmorier-Verfahren

TAMEZUKI Die japanische Bezeichnung für die westliche Methode des Papierschöpfens

TAPA Die polynesische Bezeichnung für Rindenbaststoff, der meist aus der inneren Rinde des Papiermaulbeerbaums hergestellt wird.

ULTRAFILZ Vliesstoff aus Polyester, der zum Gautschen nicht zu empfehlen ist.

VAKUUMTISCH Eine Vorrichtung, bei der Papier mit Vakuum gebildet wird; besteht meist aus einem Tisch mit kleinen Löchern, die in eine Vakuumkammer führen.

VÉLIN Ursprünglich feines Pergament, aus Rinds-, Lamm- oder Kalbsleder gearbeitet. Bezeichnung für das mit gewebtem Schöpfsieb hergestellte Papier.

VORDERKANTE Die dem Rücken gegenüberliegende Buchkante

WASHI Die japanische Bezeichnung für handgeschöpftes Papier

WASSERZEICHEN Durchscheinende Stellen in einem Papierbogen; wird meist erzeugt, indem man ein feines Drahtgebilde auf dem Schöpfsieb befestigt.

ZELLULOSE Hauptbestandteil des Pflanzengewebes; in Form von FASERN bildet es das Ausgangsmaterial für die Papierherstellung.

ZERSCHNEIDEN Wird alternativ zum Stampfen oder Mahlen angewendet, um Fasern zu kürzen.

ZUSAMMENGAUTSCHEN Papierbogen aus mehreren Schichten formen, die direkt aufeinander gegautscht werden und ein einzelnes Blatt ergeben.

ZUTATEN Alle zum Papierschöpfen erforderlichen Materialien, vor allem die verwendeten Fasern oder Fasermischungen

REGISTER

A

Abacá 23, 24, 63, 86
Abküssen 41
Ätznatron 28
Alaun 51, 52
Amate (Amatl) 80, 81
Arbeiten mit Vakuum 91-94
Aufbau in Schichten 103-105
Auffasern 30
Aufheller 35
Ausbluten 52, 117
Ausrüsten 13, 51, 52
Aztekisches Papier 80-81

B

Balsgaard, Jane 126, 131
Bambus, Faulen 27
Bambuspapier, Trocknen 48
Barker, Laurence 95, 134, 137
Bastfasern 23, 27, 63, 100
    japanische 24, 25, 31
Baumwollfaserbrei 88
Baumwollfasern 23, 24
Becker, Helmut 111
Bell, Lillian A. 110
Binder 35
Birkenrinde 9
Blattbildung
    und Gautschen 38-43
    Japanische siehe Nagashi-zuki-Verfahren
Blattbildungs-Hilfsmittel 27, 39, 86, 88
Blattfasern 23, 27
Blattscheidenfasern 23
Bleichen 29
Blüten und Blätter 62-64
Botanisierpresse 64
Bramlage, Puck 138
Bücher
    als Kunstobjekt 118-120
    selbst binden 120

C

Calciumcarbonat 33, 35
Capone, Vito 55, 113
Clark, Kathryn 56
Chlor 29
Collage- und Mischtechniken 74-77
Copp, Gerry 74, 76
Crump, Kathy 85, 117

D

Deckel siehe Form und Deckel
Drachenpapier 10
Druck 12
Druckstempel 72
Druckverfahren 134

E

Effekte mit der schwimmenden Form 67
«Eigendynamische» Formen 109
Einschließen 16-17, 59-61, 107
Esel 36
Europa, Papier in 11-13
Evans, Ingrid 129
Extraktstoffe 26

F

Fadenheftung 116
Faerber, Judith 95
Falz 116
Farbige Papiere 34, 35
Farbpigmente 35, 132-133
Farbstoffe für farbige Papiere 35
Farrow, Carol 59, 129
Faserbrei
    Aufbewahren 33-34
    Zugabe von Farbstoffen 34-35
Faserbreibilder 85-86, 87
Faserbrei gießen 106-107
Faserbrei sprühen 88
Fasern
    Aufbereiten 25-29
    Aufbewahren 29
    Fasermaterialien 23-24
    Stampfen und Zubereiten des Faserbreis 30-35
    zum Gießen 100, 102
Faulen 25-26
Filze 38, 40-41, 47, 49
Flachs 23, 24
Flavin, Richard 74, 76
Formen 13-14, 20

Form und Deckel 12, 18, 20-21, 22, 38, 40, 69
Fourdrinier-Maschine 14
Frerick, Helmut 138
Frische Blumen und Blätter 64
Füllstoffe 35, 131
Futtervlies 41

G

Gautschen 38-41, 42-43, 56, 57-58, 103-104, 129
Gautscher 38
Geisterbild, chinesisches 8
Gelatine 51-53
Gentenaar, Peter 137
Gentenaar-Torley, Pat 94
Geöltes Papier 10
Gepreßte Blumen 62, 64
Gerard, John 74, 76
Gerippte Form 20
Getrocknete Blumen 62
Gewebte Form 20-21
Gießen von Papier 100-108, 110-111
Glätthammer 51
Glätten von Hand 51
Grasfasern 23, 27
Grob gepreßt 51, 52
Gußform 101-102
    siehe auch Aufbau der Schichten
Gutenberg, Johannes 12

H

Halbstoff 24
Hall, Joan 69
Handpapiermacherei 15, 18
    Japanische Papiere 56, 65
    Nepalesische Papiere 65, 67
    siehe auch Nagashi-zuki-Verfahren; washi
Hanffasern 13
Harz 51
Heimische Pflanzen 26
Heißgepreßt 51, 52
Hemizellulose 31
Hockney, David 15
Holländer 14, 30-31
Holzschnitt 10, 65
Houdin, Guy 111-112
Howard-Clark-Hydraulikpresse 45
huun 80
Hydratation 30
Hydraulikheber 45, 47

I

Ibe, Kyoto 96
Insekten- und Pilzbefall 53

J

Jaffe, Jeanne 100, 111
Japan, Papiermachen in 13, 56, 65, 126
    siehe auch Nagashi-zuki-Verfahren; Taschenbindung
Japanische Bücher 116-118

K

Kalanderwalzen 14
Kaltgepreßtes Papier 51, 52
kamiko 122
Kaolin 35, 133
Karotten, Papier von 80
Kastenform 101, 106
Keramikmesser 133
keta 20
Knotenfänger 37
Kochen der Fasern 26, 27, 28-29
Kochlösung 28
Koretsky, Donna 88, 111
Kozobastfasern 25-26
Kozopapier 122
Künstler und Papier 15

L

Lagen 38
Laufrichtung 120-121
Lauge, Kochen von Fasern 25, 26
Leger 44
Leimen
    und Ausrüsten 51-53
Leporellos 116
Lewis, Golda 85, 132
Lignin 26
Linters 24, 106
Löschpapier 51, 53
    säurefrei 49
Lumpen 13, 23, 25, 26, 30
Lutz, Winifred 103

M

Manheim, Julia 7, 15
Markierung 57
Marmoriertes Papier 65, 69
Massaguer, Soledad Vidad 69
Masseleimung 51, 52
maze 36
Mészáros, Géza 72, 85

Methylzellulose 27, 52, 102, 106, 107
Mikrowelle zum Trocknen von Blumen 62
Millar, Ruth 139
Mischkompositionen 77
Mixer 32, 33
Monotypie 134, 135-136

N

Nagashi-zuki-Verfahren 13, 18, 20, 39,
Natriumkarbonat 28
Natronlauge 28
Natürliche Farben 34
neri 39
Norris, Julie 72, 96

O

Oberflächenleimung 51-53
  Leim 51, 53
O'Donnel, Hugh 54
Östliche Papiere, Trocknen 48-49

P

Packen 44, 48
  in Gelatine 51-52
Palmblätter 9
Papier
  doppelte Rolle 10
  Erfindung 9-10
  Format vergrößern 58
  Formen 58, 69, 70-71
  frühe Färbemittel 34-35
  Massenproduktion 8
  Trocknungsmethoden 48-50
  und Buch 114-121
  und Druck 134-136
  und Licht 126, 127-128
  und Natur 129-133
  und Textilien 122-125
  ungewöhnliches 81
  Verbreitung 10-12
  Verwendung 8, 10
  Vielfalt 12-13
  wiederaufbereitetes 24, 104, 129-130
  zweifarbig 57
Papierfächer 12
Papierherstellung, Veränderungen 13-14
Papiermaschinen, Trockenpartie 48
Papiermühle 13, 26
  Richard de Bas 62, 64
Papierskulpturen 100-111
Papiertuch, gewebtes 122-125
Papyrus 9, 78, 79-81

Harris, Textrolle 78
Pauscht 38, 40, 44
Pauspapier 104
Pergament 9, 10, 11
Pflanzenfasern 26, 31, 32, 130
Polynesisches Papier 78
Prägen 72, 73
Preßbrett mit Filz 53
Presse
  Schraubenpresse 45
  selbst bauen 45, 46-47
Pressen 46-47, 49, 52, 129
  und legen 44-47
Preßmethoden 45-46
Projekte
  Collage-Formen 75-77
  «Eigendynamische» Formen 109
  Eine Gußform anfertigen 101-102
  Eine Monotypie herstellen 135-136
  Eingießverfahren 68
  Einlagiges Buch 115-117
  Experimentieren mit Wasserzeichen 84
  Frische Blumen und Blätter 63-64
  Form und Deckel anfertigen 22
  Gesprenkeltes Papier 66
  Japanische Taschenbindung 118-121
  Lampenschirm 127-128
  Papyrus herstellen 79-81
  Phantasievolle Formen 70-71
  Seidenfäden 66
  Shifu 123-125
  Tonpapier gießen 132-133
  Tonpapier schöpfen 130-131
  Tropfenmuster 67
  Vakuum-Verfahren 92-93
  Wasserzeichen anfertigen 83
PVA-Leim 51, 52

R

Radierung 137
Rakusui-Papier 16-17, 59
Ramsay, Ted 100
Recycling 129
Reese-Heim, Prof. Dorothea 97
Reeves, Dianne L. 118
Reispapier 81
Robert, Nicholas-Louis 14, 82
Rosenquist, James 136
Rote Bete, Papier 97
Roth, Otavio 78, 81
Royce, Richard 134, 138
Rührwerk 37
Ryan, Paul 95

S

Sahlstrand, Margaret Ahrens 72, 139
Sakurai, Sadako 122
Samenhaar-Fasern 23
Sarkophag, Ramses III. 8
Sauermann, Annette 126
Schablonen 65, 86
Schei, Cathrine 110
Schichtweiser Aufbau 104-106
Schmetterlings-Bücher 114, 116
Schmuckpapier 65-67
Schöpfbütte 19, 36-37
Schöpfgeselle 38
Schrumpfen von Fasern 100, 102, 103, 104
Schwimmende Form 18, 36, 65
Sellergren, Helena 126
Shields, Alan 15, 137
shifu 122, 123-125
Siebgeflecht 21, 22
Siegel 134
Soda 28
Sowiski, Peter 56, 96
Spezialpapiere 65
Stärkeleim 51
Stahlecker, Karen 129
Stampfen von Hand 31
Stampfhämmer 30
Stamsta, Jean 97
Stoffleimung 51
su 20, 39
sugeta 20, 39
suminagashi (Japanische Marmorierung) 69

T

Tabbert, Josephine 8, 110
tame-zuki 18
Tapa 78
Taschenbindung 116-118, 118-121
Techniken
  Aufbau in Schichten 103-105
  Bedruckte Vorlage 61
  Farbige Streifen 61
  Faserbreibilder 86, 87
  Faserbrei gießen 106-108
  Fotos 60
  Gautschen 42-43
  Papier schöpfen 40-41
  Prägeelement 73
  Sprühen mit der Spritzpistole 89-90
  Unterschiedliche Effekte 57-58
Textilien 122-125
Texturierte Stoffe 72

Thayer, Nancy 107
Titandioxid 35
Tomasso, Ray 98-99
Tonpapiere 130-133
Tontafeln 8, 114
Trockenboden 48, 49
Trockenschrank 49-50
Trocknen auf dem Trockenboden 50, 52
Tropfenmuster 67
Tusche-Reiberdrucke 9, 134

U

Uchigumo (geflammtes Papier) 126
Umschichtverfahren 44, 49

V

Vakuumtisch 91
Vakuum-Verfahren 92, 94
Verlangsamtes Trocknen 49
Vilsbøll, Anne 95, 131, 138
Vorläufer des Papiers 8-9, 78, 80-81
Vorsichtsmaßnahmen 29

W

washi (handgeschöpftes Japanpapier) 10, 126
Wasserstoffbrücken-Bindung 30
Wasserstoffperoxid 29
Wasserzeichen 82-84, 136
Watt, Sally Anne 124
Weber, Therese 56, 96
Weizsäcker, Andreas von 96
Wespennest 81
Williams, Jody 110

Z

Zusammengautschen 56, 57-58, 136
Zellulose 18, 23

Dank

Die Autorin und der Verlag danken all den Künstlern und Papierhandwerkern, die Bilder ihrer Arbeit zur Verfügung gestellt haben, sowie den unten genannten Fotografen und Agenturen. Für die auf Seite 65 gezeigten handgeschöpften Papiere möchte die Autorin John Gerard, Berlin, und Carriage House Handmade Paper Boston, USA, ihren Dank aussprechen; Seite 72: siehe Penn Press and Papermill, USA.

Persönlich danken möchte die Autorin Jon Wyand für das Anfertigen der Arbeitsfotos, Sally MacEachern für ihre unschätzbare Hilfe. Ihr Dank gilt der Familie und all jenen Freunden, die das Verfassen dieses Buches mit ihrer Geduld, Unterstützung und guten Laune begleitet haben.

Die Autorin und Quarto Publishing plc haben sich redlich bemüht, die Urheber der in diesem Buch verwendeten Bilder zu kennzeichnen, und bitten um Nachsicht für eventuelle Auslassungen.

Bibliographie

Ernst Bonda: Papier selber von Hand schöpfen, Bonda Verlag 1987, St. Gallen

Lothar Göttsching (Hrsg.): Papier in unserer Welt. Ein Handbuch, Econ Verlag 1990, Düsseldorf

Hermann Kühn/Lutz Michel: Papier. Katalog der Ausstellung, Deutsches Museum 1986, München

Jibei Kunihigashi: Praktischer Leitfaden der Papiermacherei, Osaka 1798, Umschlag mit handgeschöpftem Japanpapier, Kamisuki Choho-Ki, ill. Nachdruck der deutschen Übersetzung von 1950, Basler Papiermühle 1990, Basel

Stanislaus Mierzinski: Handbuch der praktischen Papierfabrikation. Das Bütten- oder Handpapier, Reprint von 1886, Basler Papiermühle 1989, Basel

Wilhelm Sandermann: Papier. Eine spannende Kulturgeschichte, Springer Verlag, 2. Aufl. 1992, Berlin und Heidelberg

Heinz G. Schwieger: Papier-Praktikum. Herstellung. Beurteilung. Verarbeitung, Blaue Reihe Verlag 1973, Wiesbaden

Rolf Stümpel: Papier. Museum für Verkehr und Technik 1987, Berlin

Peter Tschudin: Schweizer Papiergeschichte, Basler Papiermühle 1991, Basel

Peter Tschudin: Kleine illustrierte Papiergeschichte, Basler Papiermühle 1980, Basel

Bildnachweis

Schlüssel: **M.** - Mitte; **o.** - oben; **u.** - unten; **r.** - rechts; **l.** - links

2 Stuart Baynes/Wookey Hole Papermill; **6** The Mansell Collection; **7** Julia Manheim/Keith Morris; **8 o.r.** Sophie Dawson; **8 o.l.** Josephine Tabbert; **8 u.r.** ET Archive; **9 M.** Puck Bramlage; **9 u.r.** und **9 u.l.** Sophie Dawson; **10 o.** Ino Paper Museum; **10 u.** Sophie Dawson; **11 o.** Sally Anne Watt; **11 u.** ET Archive; **12 o.** Sally Anne Watt; **12 u.** Sophie Dawson; **13** ET Archive; **14 o.** Sophie Dawson; **14 u.** The Mansell Collection; **15 o.** Alan Shields/Tyler Graphics Ltd; **15 M.** David Hockney/Tyler Graphics Ldt; **15 u.** Julia Manheim/Ed Barber; **17 M.** Sophie Dawson; **18 o.** Ino Paper Museum; **18 u.** Stuart Baynes/ Wookey Hole Papermill; **23 o.** und **23 M.** Sophie Dawson; **24 o.** Sophie Dawson; **25 o.** Judith Sugarman; **25 u.** Ino Paper Museum; **26** Moulin à Papier, Richard de Bas; **27** Judith Sugarman; **30 o.** Moulin à Papier, Richard de Bas; **30 u.** Sophie Dawson; **31 o.** Sophie Dawson; **31 u.** Peter Gentenaar-Torley; **34** Sophie Dawson; **36 o.** Thomas Kelly/The Body Shop International; **36 u.** Sophie Dawson; **38 o.** Ino Paper Museum; **38 M.** Stuart Baynes/Wookey Hole Papermill; **39 o.** Kathryn Clark/Twinrocker; **39 u.** The Mansell Collection; **44 o.** Moulin à Papier, Richard de Bas; **44 u.** ET Archive; **45 l.** Sophie Dawson; **45 u.r.** Lee S. McDonald; **48 o.** Judith Sugarman; **48 u.** Sophie Dawson; **49** Sophie Dawson; **51 o.** Sophie Dawson; **54** Hugh O'Donell/Tyler Graphics Ltd; **55** Vito Capone; **56 o.** Kathryn Clark/Twinrocker; **56 M.** Peter Sowiski; **56 u.** Therese Weber; **59 o.** Sophie Dawson; **59 u.** Carol S. Farrow; **62 o.** Moulin à Papier, Richard de Bas; **62 u.** Quarto Publishing plc; **64 o.** Moulin à Papier, Richard de Bas; **69 o.r.** Soledad Vidal Massaguer; **69 M.** Sophie Dawson; **69 u.r.** Joan Hall/Hal Bundy, courtesy Elliot Smith Gallery; **72 o.** Géza Mészáros; **72 M.** Julie Norris; **72 u.** Margaret Ahrens Sahlstrand; **74 o.** Gerry Copp/J. Copp; **74 M.** John Gerard; **74 u.** Richard Flavin; **76 o.** John Gerard; **76 M.** Gerry Copp/J. Copp; **77 o.** Richard Flavin; **78 o.** Otavio Roth; **80** Papyrus Institute; **82 o.** The Bank of England; **85 o.** Golda Lewis; **85 M.** Géza Mészáros; **85 u.** Kathy Crump; **88 o.** Elaine Koretsky/Sophie Dawson; **88 u.** Donna Koretsky; **91 o.** und **91 u.** Sophie Dawson; **94** Pat Gentenaar-Torley; **95 o.** Paul Ryan; **95 M.** Judith Faerber; **95 u.l.** Anne Vilsbøll; **95 u.r.** Laurence Barker; **96 o.l.** Julie Norris; **96 o.r.** Kyoko Ibe; **96 M.l.** Andreas von Weizsäcker; **96 M.r.** Therese Weber; **96 u.** Peter Sowiski; **97 o.** Dorothea Reese-Heim; **97 u.l.** Jean Stamsta; **97 u.r.** Papyrus Institute; **98** und **99** Ray Tomasso - Inter Ocean Curiosity Studio; **100 o.** Jeanne Jaffe; **100 u.** Ted Ramsay, Huron River Studio, USA; **103 o.** Winifred Lutz; **105 o.** Lillian A. Bell/ David Browne; **107 o.** Nancy Thayer; **110 o.l.** Jody Williams; **110 o.r.** Lillian A. Bell/David Browne; **110 M.l.** Cathrine Schei; **110 u.l.** Josephine Tabbert; **110 u.r.** Ted Ramsay, Huron River Studio, USA; **111 o.l.** Jeanne Jaffe; **111 o.r.** Donna Koretsky/Dana Salvo; **111 u.** Helmut Becker; **112** und **113** Guy Houdin, L'Imprimerie/ Adam Rzepka; **114** Vito Capone; **114 M.** Sophie Dawson; **117** Kathy Crump; **118 o.** Dianne L. Reeves; **119 o.** Dianne L. Reeves; **122 o.** und **122 u.** Sadako Sakurai; **124** Sally Anne Watt; **126 o.** Helena Sellergren; **126 M.** Annette Sauermann/ Anne Gold; **126 u.** Jane Balsgaard; **129 o.l.** und **o.r.** Karen Stahlecker; **129 M.** Ingrid Evans; **129 u.** Carol S. Farrow; **130** Anne Vilsbøll; **131 o.** Jane Balsgaard; **132 o.** Golda Lewis; **133 o.** Golda Lewis; **134 o.** Laurence Barker; **134 u.** Richard Royce/Atelier Royce, Salem, Mass., USA; **135** und **136** Kate Robinson; **136 o.** James Rosenquist/ Tyler Graphics Ltd; **137 o.** Alan Shields/Tyler Graphics Ltd; **137 M.** Laurence Barker; **137 u.r.** Peter Gentenaar-Torley; **138 o.l.** Helmut Frerick; **138 o.r.** Richard Royce/Atelier Royce, Salem, Mass., USA; **138 u.l.** Puck Bramlage; **138 u.r.** Anne Vilsbøll; **139 o.l.** Margaret Ahrens Sahlstrand; **139 o.r.** Ruth Millar.

Nützliche Adressen

Basler Papiermühle
Schweizerisches Papiermuseum
& Museum für Schrift und Druck
St.-Alban-Tal 37
4052 Basel
Schweiz

Carriage House Press
8 Evans Road
Brookline, Mass. 02146
USA

Centro de Investigaciones
en Fibras y Papel (CIFP)
c/o Lil Mena
Apartado 103-1002
San José,
Costa Rica

The Hall of Awa Japanese Handmade Paper
141 Kawahigashi
Yamakawa-cho, Oe-gun
Tokushima Prefecture
Japan 779-34

Hand Papermaking (Journal)
PO Box 582571
Minneapolis, MN 55458-2571,
USA

International Association
of Hand Papermakers & Paper Artists (IAPMA)
Secretary: Pat Gentenaar-Torley
Sir W. Churchillaan 1009
2286 AD Rijswick,
Niederlande

Papermakers of Australia
University of Tasmania
GPO Box 252C
Hobart, Tas. 7001,
Australien

Papermakers of South Africa
c/o John Roome & Tony Starkey
Paperworks Unit
Department of Fine Art
Techknikon Natal
953 Durban 4000,
Südafrika